COULEURS CONTEMPORAINES

Domeau et Pérès | Design

Dix années de création

Bernard Chauveau

Éditeur

PARIS

Les informations contenues dans le livre sont issues des propos recueillis par l'éditeur Bernard Chauveau,
auprès de Bruno Domeau, Philippe Pérès et tous les créateurs présents au fil des pages.
Les textes du présent ouvrage ont été rédigés par Anne Brandebourg, critique d'art.
La création de la maquette du livre a été réalisée par Royere & Dubus.

© Couleurs Contemporaines, 2004
Bernard Chauveau Éditeur
108, rue Lemercier -75017 Paris
www.bernardchauveau-editeur.com

© Domeau & Pérès, 2004

ISBN 2-9519093-7-3 pour les 500 exemplaires numérotés constituant le tirage de tête de l'édition.
ISBN 2-9519093-9-X pour les exemplaires non numérotés constituant le tirage courant.
Dépôt légal 4ᵉ trimestre 2004.

Sommaire

Bruno Domeau et Philippe Pérès
photo Sudio Harcourt, 2004

Bruno Domeau
Philippe Pérès

Dix années de création

1994, L'AVENTURE COMMENCE...

NOTRE HISTOIRE COMMUNE DÉBUTE EN 1994. À CETTE ÉPOQUE, NOUS TRAVAILLONS AU SEIN D'UNE MÊME ENTREPRISE ET C'EST AINSI QUE NOUS FAISONS CONNAISSANCE. NOUS NOUS REJOIGNONS AUTOUR D'UNE MÊME PASSION POUR LA CRÉATION, LE DÉVELOPPEMENT ET L'INNOVATION. LE DÉSIR DE COLLABORER AVEC LES CRÉATEURS DE NOTRE TEMPS SE PRÉCISE, ASSOCIÉ À CELUI D'INNOVER EN UTILISANT NOTRE CRÉNEAU, UN SAVOIR-FAIRE SUR MESURE, QUE NOUS SOUHAITERIONS METTRE AU SERVICE DE LEUR INVENTIVITÉ.

EN TERMES DE MÉTIER, IL EST BIEN QUESTION D'INNOVATION LORSQUE NOUS CHERCHONS DES MATÉRIAUX DIFFÉRENTS ET QUE NOUS LES TRANSFORMONS EN LES FAÇONNANT, EN LES FORGEANT, GRÂCE À DES TECHNIQUES INVENTIVES QUI OUVRENT D'AUTRES HORIZONS ET PROJETTENT L'OBJET AU-DELÀ DE SA FORME HABITUELLE OU DE SA FONCTION PREMIÈRE. C'EST ICI QUE SE SITUE NOTRE RÔLE : RÉPONDRE AU PLUS JUSTE À LA PROPOSITION D'UN CRÉATEUR, PAR NOTRE SAVOIR-FAIRE (QU'IL SOIT TRADITIONNEL, SEMI-INDUSTRIEL OU ARTISTIQUE), NOTRE COOPÉRATION S'ÉTENDANT DU DESSIN ORIGINAL AU DÉVELOPPEMENT DE L'IDÉE, DE SA MISE AU POINT À SA RÉALISATION.

En 1994, à notre connaissance, aucune entreprise dans nos métiers respectifs de sellier et de tapissier ne permet une telle aventure. Ces professions n'offrent pas de « sur-mesure » aux créateurs qui ne trouvent auprès des industriels que des réponses standardisées.

Le constat de cette vacuité nous fait franchir le pas : nous décidons de nous installer en créant notre propre réseau et en mettant en place notre logique de fabrication, réservée aux projets qui nous passionnent. Nous possédons la maîtrise d'un métier, savons transformer certaines matières… un tiers de la réussite, mais pour le reste… c'est l'inconnu ! Tout est à inventer et à construire.

Christophe Pillet, pionnier de Domeau & Pérès

Pour engager notre projet, nous rencontrons des designers, ceux dont les créations nous touchent et qui sont susceptibles d'être intéressés par notre démarche de collaboration « sur mesure ». Le premier à réagir positivement est Christophe Pillet. Sorti du sérail de Philippe Starck, élu Créateur de l'année 1994, il vient de lancer son agence. L'idée lui paraît intéressante. Six mois plus tard, il nous appelle pour solutionner un problème de matière souple : des housses de sièges destinées à un bar. Nous proposons de les lui réaliser pour l'ouverture de l'établissement, dans le délai imparti. C'est un de nos premiers chantiers en collaboration avec un « monstre sacré » du design ! Durant six semaines, le salon de Bruno devient notre atelier… Pari réussi, nous travaillons à nouveau avec Christophe pour un restaurant dont il a dessiné le projet, puis dans le cadre d'un hôtel particulier à Boulogne où nous réalisons le canapé *Pierre Sofa*. Simultanément, nous sortons le *Palm Beach Sofa*, une commande de Pillet lui-même.

Domeau & Pérès prend son envol. Nous sommes en 1996 et installons notre atelier dans un garage de quarante mètres carrés, situé à La Garenne-Colombes. Depuis lors, c'est toujours à cette même adresse que se vivent nos rencontres avec les créateurs autour de notre outil de travail et de développement.

1997-1998, les premiers Salons du meuble, à Paris

En janvier 1997, nous présentons nos prototypes – cinq pièces de Christophe Pillet – au Salon du meuble, à Paris. La scénographie du stand est l'œuvre de Christophe. Pour notre première apparition en tant que maison d'édition, nous nous voyons décerner un prix récompensant le travail de collaboration mené avec un designer. Domeau & Pérès est lancé.

Janvier 1998, deuxième Salon du meuble, à Paris. Nous exposons trois nouvelles pièces, trois canapés dont le design très pointu est signé par de grands créateurs : Christophe Pillet, Michael Joung et Jean-Marie Massaud. La qualité de la réalisation de ces pièces étonne les professionnels… Nous vivons notre passion pleinement, notre rêve se réalise. Par la suite, nous serons présents à tous les Salons du meuble, à Paris, puis à Milan, avec de nouveaux créateurs.

Domeau & Pérès naît sous le signe de l'adaptabilité

Notre démarche n'est pas orientée vers la création de formes mais vers l'adaptabilité de notre logique de fabrication à l'idée du créateur (qu'il soit architecte, designer, décorateur) afin que le projet prenne corps ! Pour Domeau & Pérès, le « design » c'est travailler au plus près du dessin du créateur. L'exigence d'une telle collaboration nous demande en permanence des recherches sur

les nouveaux matériaux, leur transformation possible, la façon de les travailler. À notre manière, nous sommes des créatifs qui conçoivent des solutions techniques ou esthétiques et les réalisent manuellement. Cette capacité à nous adapter, à faire évoluer les bases classiques de nos métiers d'origine, à renouveler nos acquis pour réussir un challenge établit notre différence. C'est une implication personnelle qui démontre que chacune de nos rencontres, chacun des projets que nous avons développés avec un créateur est une histoire de passion, une aventure qui nous pousse toujours plus avant.

CRÉER

Des affinités électives

Notre entreprise a une histoire qui tisse rencontres et opportunités, chacune opérant par un échange sensible où vision commune et sens de l'esthétique sont déterminants. Notre collaboration avec un créateur est avant tout une relation humaine qui s'enracine dans le développement et la vie du projet réalisé ensemble. Le rapport affectif à l'objet s'en trouve d'autant renforcé. Au départ, il est dessiné par le créateur, puis, au fur et à mesure de son développement, il va concentrer toute notre énergie pour aboutir à sa fabrication. Nous devenons en quelque sorte ses parents adoptifs !

Un défi professionnel, avec Matali Crasset

Nous rencontrons Matali Crasset sur le stand de notre premier Salon du meuble, en 1997. Sa manière différente de penser les choses, d'aborder l'objet nous séduit immédiatement. Une réflexion profondément atypique, nourrie de convivialité et d'empathie, conduit la jeune créatrice, fraîchement sortie de chez Starck, à inventer des objets mobiles et transversaux dont la fonction principale est de créer du lien, l'esthétique de la forme lui étant subordonnée. De ce « mobilier » inédit découle un mode de vie généreux, un rapport à l'autre et à l'univers tout à fait révolutionnaire où l'objet ne trouve sa réelle définition qu'au contact d'une intervention humaine « lorsqu'il est mis en situation par l'usage ». Les créations de Matali Crasset sont sans doute en avance de plusieurs générations !

Son premier projet avec nous, *Quand Jim monte à Paris (QJMAP)* – un lit d'appoint pliant formant une « colonne d'hospitalité dotée de fonctions multiples » –, est suffisamment pointu pour nous intéresser. Son dessin nous met professionnellement au défi de réaliser, avec des matériaux souples, une structure rigide. C'est une création nouvelle, loin des repères classiques du fauteuil, de la chaise, du lit ou du canapé. Il n'existe pas sur le marché d'objet équivalent et il n'a jamais existé ! Il nous faut tout inventer, chercher les solutions techniques, trouver les matériaux et les bons fournisseurs. C'est pourquoi, de 1997 à 2002, trois générations du *Jim* vont se succéder. Beaucoup de tentatives, autant

d'enseignements tirés, pour obtenir le produit léger et solide de la version actuelle qui nous semble être « juste ». Au final, un travail de recherche et de développement considérable, totalement empirique, qui nous place en position de créateurs.

FABRIQUER

C'est parfois l'intention qui compte !

Le jour où nous avons décidé de développer le siège de Martin Szekely, nous n'avions pas de dessin de la part du créateur mais une intention clairement exprimée : « *S'asseoir dans quelque chose de confortable* » ! Le point de départ est ici la notion de bien-être et non la forme du siège, son usage et non pas son image. C'est une autre approche qui nous est apparue légitime et à laquelle nous nous sommes adaptés.

Stand Domeau & Pérès
Salon du meuble, Paris, 1998

De nouveaux procédés surgissent…

Pour d'autres pièces, nous inversons les destinations des matériaux en prenant ceux qui étaient dans la structure interne, invisibles, pour les utiliser comme finition externe. Par exemple, le plateau en résine de la *table Unesco* d'Odile Decq ou le tabouret *Hyperespace* de Jérôme Olivet sont constitués d'une matière que nous avions utilisée auparavant à l'intérieur du siège *Un et demi* d'Erwan Bouroullec.

Des matières et des réalisations techniquement originales

Nous entreprenons également de nouveaux projets avec des matériaux ou techniques qui ne sont pas les nôtres. C'est un pur travail de développement. Avec la *Bibliothèque* d'Alexandre de Betak, nous sommes en présence d'un objet qui n'est que lumière et transparence. Son matériau de base est le méthacrylate. N'utilisant pas ce matériau pour la structure des sièges, il a fallu nous rendre chez nos fournisseurs pour comprendre la façon dont le méthacrylate se travaille et se maîtrise afin que nous puissions intervenir au cours de la phase « développement du produit ». De même, le Corian, résine de synthèse utilisée pour le *Bureau* des frères Bouroullec, est une nouvelle aventure professionnelle. Ici, nous jouons notre rôle d'éditeur à part entière en faisant appel à des partenaires – artisan ou petit industriel – choisis pour leur savoir-faire spécifique. Selon les nécessités, il nous arrive parfois de rester plusieurs jours dans leur entreprise pour les former à l'esprit du projet et à notre logique esthétique.

Une remise en question permanente…

Avec les designers Élodie Descoubes et Laurent Nicolas, nous développons le fauteuil *Feutre*. Au départ, c'est un prototype réalisé avec le VIA (Valorisation de l'Innovation dans l'Ameublement). Finalement, nous prenons la décision de l'éditer et le présentons au Salon du meuble de 1999, à Paris. Ce développement est une expérience nouvelle et intéressante dans la mesure où il remet en question nos formations classiques de sellier et de tapissier. En effet, nous avons appris à rentrer les talons des coutures à l'intérieur ; or, avec le projet *Feutre*, c'est l'inverse : ceux-ci doivent être extérieurs et apparents. De plus, Élodie Descoubes et Laurent Nicolas souhaitent que la housse qui recouvre les assises soit flottante, comme enfilée à l'envers, soulignant d'autant le surplus de tissu au niveau de la couture. C'est exactement l'opposé de ce qui nous a été enseigné ! De telles démarches nous obligent à une grande souplesse… afin d'être des tapissiers et des selliers de notre temps !

Une ouverture sur d'autres métiers

Réaliser des pièces est une expérience qui nous conduit régulièrement à collaborer pour certaines d'entre elles (piétement, structure d'une assise…) avec des serruriers, mouleurs de résine, menuisiers ou ébénistes, et de ce fait, à nous familiariser avec leur singularité. Il nous est primordial de comprendre, en amont de notre intervention, comment et avec quel matériau la structure d'une assise sera réalisée – en bois, en métal, ou en résine – de manière à ce que nous puissions anticiper la finition de la pièce (choix du garnissage, du revêtement) et obtenir ainsi une forme confortable. C'est le cas de la collection de sièges *Les Rainettes* d'Andrée Putman, qui représente un travail d'anticipation de la finition des coutures et des pinces adapté à une structure déhoussable et démontable.

ÉDITER

La problématique de l'édition : du prototype à la série

Éditer un meuble est une décision importante. Nous sortons de la logique de la pièce unique ou du prototype pour réfléchir – comme le ferait un industriel – au mode de production adapté, même si notre échelle reste artisanale. Ceci implique de réaliser des gabarits, de garder en mémoire le savoir-faire pour ensuite le reproduire sur un grand nombre de pièces, de conserver la qualité des matériaux en l'adaptant aux évolutions des techniques de fabrication. Au final, l'objet sera identique, cependant nous aurons travaillé différemment. Par exemple, le *Jim* de Matali Crasset étant un produit destiné à une vente large, nous avons intégré ces problématiques tout en conservant les acquis de la phase de développement.

L'évolution de la Collection, un certain art de vivre

Au cours des dix dernières années, nous avons édité une douzaine de créateurs, soit une quarantaine de pièces qui constituent la Collection. Nous sommes attentifs à son évolution, à son développement, nécessaires pour former un ensemble cohérent, accessible au public, et qui transmette aussi un certain art de vivre. De fait,

nous ouvrons désormais davantage la Collection à des expériences nouvelles qui n'impliquent pas forcément des matériaux souples ou du « confort ». Les éditions récentes de Domeau & Pérès illustrent cette tendance. La table modulable *El, Maarten et Donald* de Vincent Dupont-Rougier apporte une nouveauté en termes d'usage, de rangement, et complète la Collection en termes de proposition. En nous confiant la réalisation de son tabouret *Hyperespace* en résine (aucun matériau souple, tissu, cuir ou mousse, n'intervient), Jérôme Olivet nous permet de faire évoluer notre image de « fabricant-éditeur de mobilier ». En effet, l'*Hyperespace* est davantage une sculpture qu'un tabouret ! Ce décalage avec l'ensemble de nos réalisations apporte une tonalité intéressante au sein de la Collection.

Avec Milan Vukmirovic, nous abordons un autre point

Stand Domeau & Pérès
Salon du meuble, Paris, 1999

de vue. C'est la première fois que nous travaillons avec le monde de la mode. Milan Vukmirovic nous propose d'habiller une forme déjà existante, le fauteuil *Club,* plutôt que d'en créer une nouvelle, une démarche différente de la pratique habituelle des créateurs. Pour le *Club,* recouvert en « vache », Milan joue astucieusement avec notre habileté de tapissier-sellier en plaçant la peau de telle sorte que le motif soit partie intégrante du dessin du siège. Pour sa part, François Azambourg nous propose une problématique intéressante avec la chaise *Very Nice.* Il s'agit de réaliser une pièce qui tienne solidement à partir de matériaux légers en contreplaqué de bouleau. La technique de la triangulation, reprise des structures d'Eiffel, est alors utilisée pour développer cette chaise et lui donner sa solidité. Le procédé de fabrication – un système de découpe au jet d'eau – conserve à cette chaise une impression générale de complexité, tout en accentuant son fort caractère technique et esthétique. C'est ainsi que tour à tour ou conjointement, nous créons, fabriquons et éditons.

AUX CÔTÉS DE LA COLLECTION…

Un éventail de réalisations et de partenariats
Parallèlement aux créations, nous menons depuis le départ un certain nombre de projets en sous-traitance pour de grandes entreprises. Ceux-ci représentent une activité importante de Domeau & Pérès. Différents programmes d'aménagements intérieurs sont ainsi en cours de réalisation ou déjà réalisés, dans le domaine de l'architecture avec le hall d'accueil de l'Unesco, signé par l'agence Odile Decq et Benoît Cornette ; dans le domaine de l'aviation, avec des sociétés telles que Dassault Falcone Services, Socata ou encore pour le « concept avion » *Kelvin 40* de Marc Newson ; dans le domaine de l'automobile, nous traitons avec Citroën et Mercedes. Pour la décoration et le mobilier, nous intervenons dans l'espace intérieur des magasins. Chez

Dior Homme, par exemple, nous avons travaillé sur la *Chaise médaillon Louis XVI* ainsi que pour des assises sur mesure demandant une finition spécifiquement adaptée à l'univers Dior. Lors de ces différentes réalisations, nous apportons parfois plus que notre métier de base. Nous travaillons sur les aspects esthétiques et sensoriels liés au choix des matériaux, à l'harmonie des couleurs, aux détails de finition, subtilement reliés à l'esprit de la Collection.

Le showroom Domeau & Pérès
En 2003, nous avons créé le *showroom,* un lieu spécifique dans l'entreprise qui réunit et présente l'ensemble de nos créations, un lieu à notre image associant événements et rencontres autour des créateurs et de leurs productions. Le temps était advenu de présenter l'univers propre de Domeau & Pérès qui se définit par l'accueil, les matières exposées, les réalisations emblématiques, la proximité des ateliers…, et qui affiche ainsi son identité. Tout naturellement, c'est à Christophe Pillet que nous avons demandé d'aménager cet espace. Christophe a mis en relation les créations qui constituent la Collection, le fil d'Ariane de ce dialogue invisible étant notre marque de fabrique, le « sur-mesure » du tapissier-sellier. L'architecture simple du lieu s'harmonise avec les tonalités et les matériaux propres des créations, permettant aux différentes pièces d'exister dans un face-à-face stimulant qui augure de nouvelles associations et créations. Le *showroom* est un outil de travail et de développement supplémentaire pour la Collection.

L'AVENIR

Notre entreprise a construit progressivement son image durant dix années. Ce temps était nécessaire pour acquérir la reconnaissance officielle du travail réalisé en collaboration avec les créateurs, ce dont témoigne la Collection. Certaines des pièces que nous avons éditées sont entrées dans les collections publiques de l'État, comme le *lit-colonne d'hospitalité (QJMAP)* de Matali Crasset, engendrant une vague de notoriété pour le créateur mais aussi pour Domeau & Pérès, ce qui n'est pas sans conséquences sur le plan internanional. Notre ambition réside dans la recherche constante de qualité et dans la rencontre de nouvelles approches et de nouveaux créateurs, garants de projets passionnants et innovants. Le monde évolue, s'ouvre davantage aux courants de l'art contemporain, la culture s'affranchit des frontières nationales et devient internationale. La jeune génération porte un regard éclairé sur la création et vit plus volontiers avec des meubles adaptés aux rythmes et aux résonances du temps présent qu'avec ceux du passé. Dans cet esprit, Domeau & Pérès doit veiller à distinguer l'inventivité et la fraîcheur des projets de la création contemporaine et par son savoir-faire spécifique, à l'accompagner au plus juste dans son développement.

Propos recueillis en juin 2004 ■

Ci-dessus : vues d'atelier
société Domeau & Pérès, 2004

En haut à gauche et ci-dessus : Mercedes Classe A
habillage intérieur réalisé par Domeau & Pérès, 2000

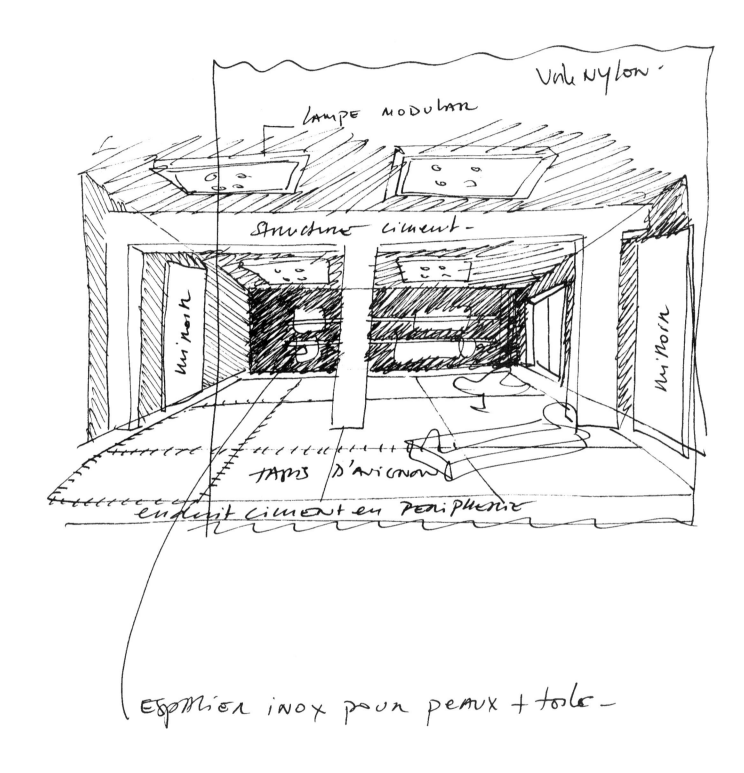

Projet du showroom
dessin au feutre ©Christophe Pillet, 2003

Christophe
Pillet

Page précédente :

Video Lounge
chauffeuse et repose-pieds, Christophe Pillet, 1998

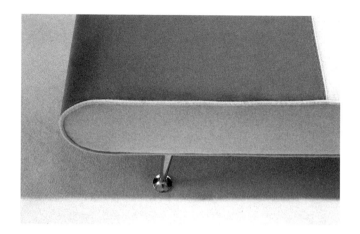

Easy Lounge
détail de la méridienne, Christophe Pillet, 1996

MA RENCONTRE AVEC BRUNO DOMEAU ET PHILIPP PÉRÈS REMONTE À DIX ANS ENVIRON. ELLE A POUR ORIGINE UNE QUESTION TECHNIQUE. À L'ÉPOQUE, JE TRAVAILLAIS SUR UN PROJET DE BAR MUSICAL, LE PREMIER À PARIS, POUR LEQUEL J'AVAIS DESSINÉ DES FAUTEUILS AUX FORMES COURBES RESSEMBLANT À L'ACTUELLE CHAISE *VIDEO LOUNGE*. NOUS ÉTIONS À QUELQUES SEMAINES DE L'OUVERTURE DE CE BAR ET JE NE TROUVAIS PERSONNE CAPABLE DE COUDRE DE LA TOILE SUR CES SIÈGES. C'ÉTAIT UN TRAVAIL COMPLEXE. BRUNO ET PHILIPPE, DEUX JEUNES ARTISANS QUE JE VENAIS DE RENCONTRER, ONT SU LE FAIRE, EUX ! LA TOILE A ÉTÉ COUSUE COMME JE LE VOULAIS. C'EST AINSI QU'A COMMENCÉ NOTRE COLLABORATION, EXEMPLE EMBLÉMATIQUE DE LA FAÇON DONT NOUS AVONS TOUJOURS FONCTIONNÉ ENSEMBLE DEPUIS LORS.

Le passage à l'édition s'est fait petit à petit, après quelques projets : chantiers privés, bars ou restaurants. Nous avions déjà réalisé plusieurs modèles de sièges *Easy Lounge, Pierre Sofa* – lorsque Bruno et Philippe ont décidé de montrer ce travail au Salon du meuble en 1997... avec le succès que l'on sait ! Leur aventure est devenue progressivement une histoire d'édition participant à celle du design des années 90, avec de nouveaux modèles et de nouveaux créateurs. Ce que nous avons développé ensemble est assez représentatif de mon travail, qui porte principalement sur deux axes : l'un joue sur la simplicité, l'élégance et l'évidence, l'autre sur un aspect plus expérimental. La chaise *Video Lounge* appartient au premier. C'est un meuble plus sobre que le canapé *Hyper Play, plus démonstratif.* La *Video Lounge* est devenue en quelque sorte le logo de Domeau & Pérès, une référence, à tel point que les personnes qui ne visualisent pas mon travail reconnaissent ce modèle ! Par jeu, nous avons conçu ensuite la *Video Lounge Inox,* avec l'idée iconoclaste de détourner le contenu de cette référence et d'en faire un objet qui n'est plus tout à fait un meuble, mais une sorte de sculpture.

Dans les domaines du mobilier, de l'architecture, de la mode, de la couture, du cinéma..., l'expression d'un « savoir-faire » est partie intégrante du contenu d'un objet imaginé par un créateur. Les pièces que j'ai dessinées pour Domeau & Pérès mettent en avant l'expression de leurs compétences spécifiques liées à l'affirmation d'une grande qualité d'exécution. C'est un travail de communion entre fabricant et créateur, le premier adaptant sa technique afin de respecter au plus près l'idée du second. Si Bruno et Philippe ne dessinent pas comme je le fais, pour ma part je ne sais ni coudre et fabriquer comme eux ! Cependant, nous n'avons pas besoin de beaucoup d'explications pour nous comprendre. Tout le travail complice se déroule à l'atelier, c'est là que nous décidons des points de couture, des pliures du tissu... comme si nous étions une même

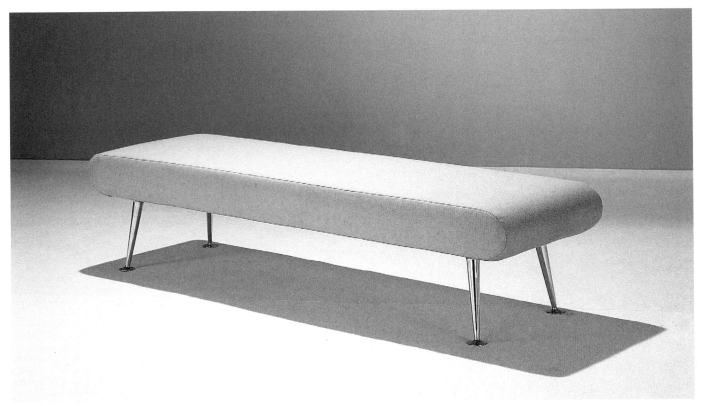

Easy Lounge
méridienne et banc, Christophe Pillet, 1996

tête guidant de mêmes mains ! C'est naturellement vers Bruno et Philippe que je me tourne pour prendre en charge des projets expérimentaux ou personnels, des démarches particulières plus exigeantes, faisant ainsi appel à leur capacité d'appréhension des sujets complexes et à leur faculté d'explorer toutes les voies de mise au point et de développement futur du projet.

Easy Lounge
canapé et détail, Christophe Pillet, 1996

Le choix du tissu est fondamental dans mes créations où les formes, les couleurs et les matières sont les éléments de mon « vocabulaire ». J'essaie de mettre en adéquation les matières utilisées avec des idées complexes, voire paradoxales, ce qui demande des assemblages aussi subtils que précis. Par exemple, pour recouvrir la chaise *Video Lounge*, nous avons retenu le « poulain » en lieu et place du drap de laine ou de la toile des débuts. C'est une matière qui apporte une sorte de préciosité ; la forme du siège étant particulièrement simple, sans effet, on peut donc s'autoriser à être un peu maniéré ! D'un seul coup, les gens ont mieux compris ce que voulait dire la *Video Lounge*. Ces déclinaisons de « vocabulaire » sont utiles et justes. Une fois l'objet bien établi et reconnu, il est ludique de l'imaginer avec des poils, du cuir perforé, de lui faire vivre des aventures…, comme habiller la *Video Lounge* de tissu à motifs ou créer le modèle en acier inox… ! On comprend que c'est un jeu.

Pierre Sofa
canapé et détails du canapé, Christophe Pillet, 1996

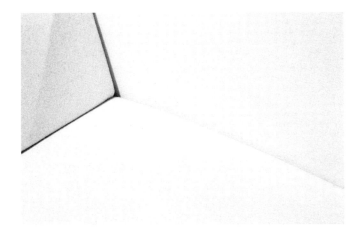

Palm Beach Sofa
canapé et détails, Christophe Pillet, 1996

C'est vraiment dans l'exclusivité et la grande sophistication que Bruno et Philippe forgent leur identité, par l'affirmation d'une extrême qualité de la façon. Leur valeur précieuse est contenue dans leur savoir-faire original. De là surgit leur force d'expression singulière plus proche de celle d'un objet d'art. C'est là où ils sont bons, c'est là où on les aime ! Domeau & Pérès s'inscrit dans la belle tradition des artisans d'art des années 30-40. À ma connaissance, Bruno et Philippe sont les seuls en France à posséder cette singularité que l'on retrouve dans le milieu de la haute couture. Ils occupent un territoire de production qui n'est pas celui de l'édition commerciale mais celui d'un travail intimement lié au créateur, dans la filiation des grands métiers des arts décoratifs : des ébénistes, des doreurs, des fondeurs, des tapissiers…

Bruno Domeau et Philippe Pérès ont cette capacité à produire des objets de qualité sans recourir aux effets de surprise, à l'extravagance ou au lyrisme. Leur personnalité se situe au niveau des éléments les moins visibles, tel un simple détail qui fera sens… là où il n'y en aurait pas eu ! Un discours peu entendu par notre époque, qui place rarement la simplicité et l'élégance parmi ses valeurs premières. Or, Domeau et Pérès ont une mission : apporter la qualité de leur discernement, une valeur ajoutée, porteuse de sens. Audacieux, ils ont su mettre leur compétence particulière de tapissier-sellier au service de l'actualité de l'art contemporain. Dans d'autres univers, comme celui de la Formule 1, le savoir-faire est mis au service des avancées techniques les plus pointues, ce qui n'est pas le cas dans le domaine du mobilier où les bases d'apprentissage classique prédominent. Pour leur part, Bruno et Philippe ont réussi à casser cet archaïsme et à inverser cette tendance.

Propos recueillis en juin 2004 ■

Palm Beach Sofa
canapé, Christophe Pillet, 1996

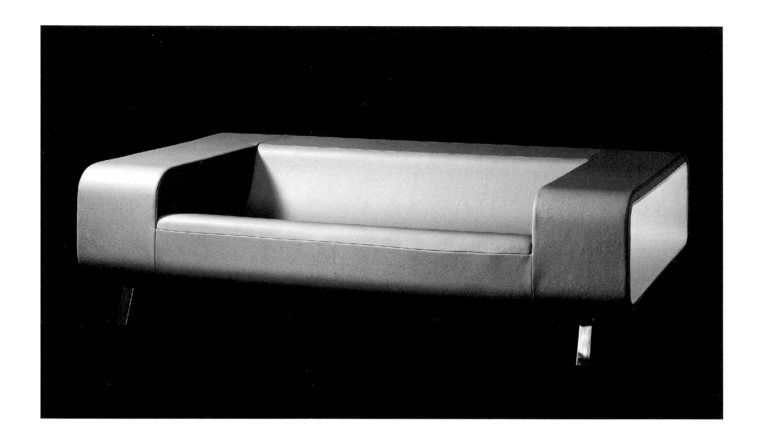

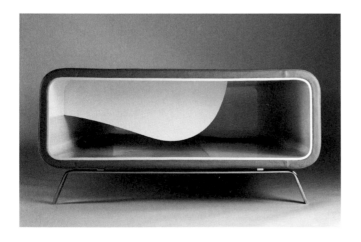

Hyper Play
canapé, Christophe Pillet, 1997

Video Lounge Inox
chauffeuse et repose-pieds, *(édition limitée à neuf exemplaires dont deux exemplaires d'artiste)*, Christophe Pillet, 2003

Lobby Sofa
canapé, Christophe Pillet, 2002

Nath's Sofa
canapé, Christophe Pillet, 1999

New Lounge
fauteuils avec ou sans têtière et repose-pieds, Christophe Pillet, 2002

Chambre à coucher
Christophe Pillet, 2001

Nath's Sofa
dessin couleur sur calque © Christophe Pillet pour Domeau & Pérès

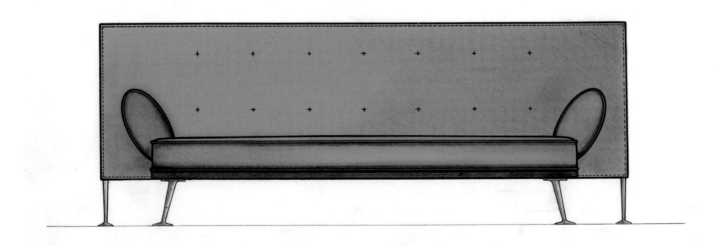

Palm Beach
dessin couleur sur calque © Christophe Pillet pour Domeau & Pérès

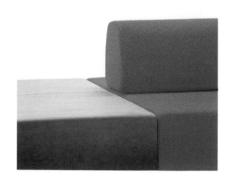

Atelier Renault
banquette modulable,
Christophe Pillet, 2000

Nextome
chaise porte-revues, matali crasset, 2001

Les Rainettes
fauteuil et banquette, Andrée Putman, 1999

Andrée
Putman

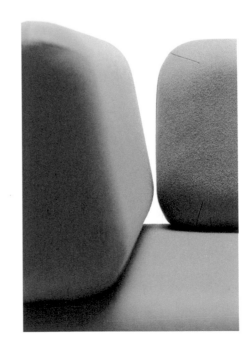

Page précédente :

Les Rainettes
détail du fauteuil, Andrée Putman, 1999

LA COLLECTION DE SIÈGES *LES RAINETTES* FUT L'UNE DES PREMIÈRES CRÉATIONS DE NOTRE NOUVEAU BUREAU, EN 1999, ET NOTRE PREMIÈRE COLLABORATION AVEC BRUNO DOMEAU ET PHILIPPE PÉRÈS. NOUS AVONS VOULU NOUS ADRESSER À CETTE JEUNE ENTREPRISE CAPABLE DE RÉALISER DES CHOSES À LA FOIS SIMPLES ET AUDACIEUSES ET DONT L'ORIGINALITÉ DANS L'ÉDITION DE MOBILIER VENAIT « DÉPOUSSIÉRER » L'IMAGE DU MÉTIER DE TAPISSIER.

Quand je regarde ce que nous avons réalisé avant cette collection, *Les Rainettes* sont sans doute ce qu'il y a de plus simple. Cette ligne de sièges comporte un fauteuil, un pouf, un canapé et une banquette. Pour présenter la collection, nous avons utilisé un très beau lainage de Kvadrat, avec l'envie de faire « jurer » entre eux les verts des tissus afin de donner une certaine vitalité à l'ensemble.

Le travail de réalisation a porté sur le moindre détail. Nous avons attaché une grande importance à la qualité des coutures, au choix des couleurs et au piétement des sièges qui a été amélioré de façon à être oublié au profit de l'assise. L'ambiance de travail, la qualité des échanges ont donné à cette collaboration quelque chose de très généreux, un ton différent. C'est un souvenir qui garde aujourd'hui encore toute sa fraîcheur.

Propos recueillis en juin 2004 ■

Les Rainettes
canapé, fauteuil et pouf, Andrée Putman, 1999

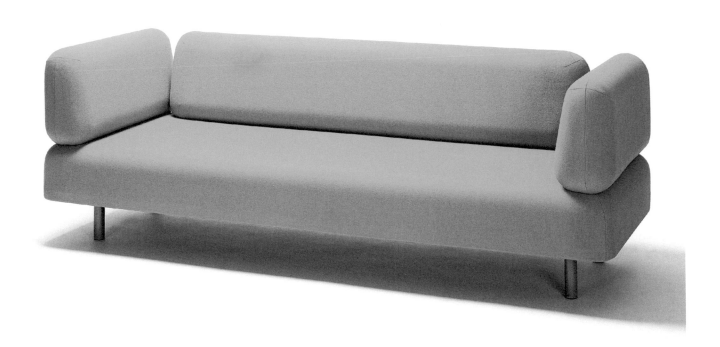

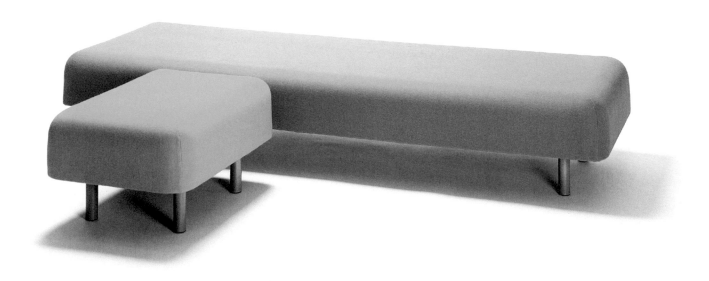

Les Rainettes
canapé, banc et pouf, Andrée Putman, 1999

Matali
Crasset

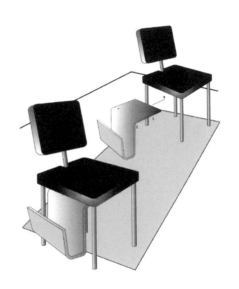

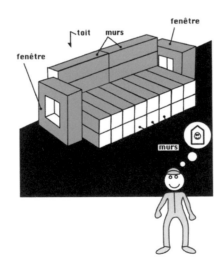

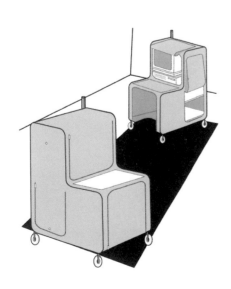

Page précédente :

Open Work et Permis de construire
© matali crasset pour Domeau & Pérès

C'EST LE PROJET *QUAND JIM MONTE À PARIS* QUI NOUS A RÉUNIS, BRUNO DOMEAU, PHILIPPE PÉRÈS ET MOI... IL Y A BIENTÔT DIX ANS. DES DESSINS SCHÉMATIQUES DU PROJET DE CE « LIT-COLONNE » AVAIENT ÉTÉ PUBLIÉS DANS LA REVUE *INTRAMUROS*. BRUNO ET PHILIPPE ONT ÉTÉ INTÉRESSÉS ET M'ONT ALORS PROPOSÉ DE VOIR ENSEMBLE COMMENT NOUS POURRIONS LE DÉVELOPPER. DE MON CÔTÉ, J'AI ÉTÉ SÉDUITE PAR L'ASPECT TRÈS CONTEMPORAIN DE LEUR DÉMARCHE, LE DYNAMISME DE L'ENTREPRISE ET LEUR RÉELLE VOLONTÉ DE S'ENTOURER DE CRÉATEURS POUR CONSTRUIRE DES PROJETS. LE PREMIER FUT DONC *JIM*.

L'idée de départ du *Jim*, c'est l'hospitalité, l'accueil. Son développement a davantage porté sur la typologie que sur la forme. Avec le *Jim*, nous avons travaillé sur la légèreté et la simplicité de la structure, ce qui suppose des notions différentes de confort et de toucher, ainsi que sur la recherche d'un matériau qui allait pouvoir se poser à l'horizontale comme à la verticale. C'était fort éloigné de ce que Domeau & Pérès avait développé jusqu'alors et de ce fait, cela impliquait la recherche de nouveaux fournisseurs et de nouveaux savoir-faire. Le projet dépassait le cadre strict de leurs compétences car il incluait également les accessoires liés au chevet : une lampe et un réveil suspendus. Nous avons eu un échange permanent qui a donné naissance à différentes versions du lit-colonne. L'une faisait appel à un nid-d'abeille, en carton, avec une structure en bois, alors que l'actuelle version, beaucoup plus légère, est constituée de quatre modules identiques – qui viennent s'accrocher avec des fermetures éclair – et fait aujourd'hui l'objet d'un développement en série.

Quand Jim monte à Paris
colonnes d'hospitalité, deuxième version, matali crasset, 1999

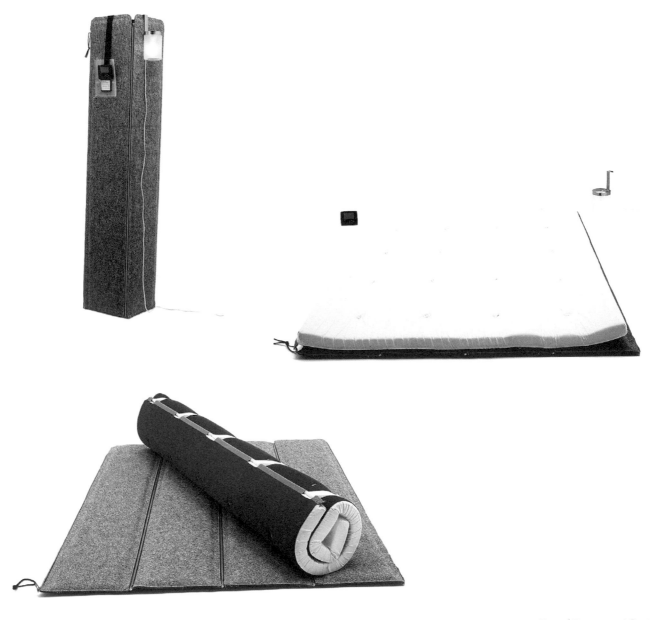

Quand Jim monte à Paris
colonne d'hospitalité, lit d'appoint *(version actuelle)*, matali crasset, 2001

Quand Jim monte à Paris n'est pas seulement un lit d'appoint, c'est avant tout une structure qui nous engage à dire : « *Écoute Jim, tu peux rester car tu vois, c'est simple, cette colonne est faite pour ça* ». C'est une proposition qui nous permet d'agir autrement dans notre quotidien, c'est un objet un peu rusé qui se met dans l'interstice de la vie de tous les jours. À l'époque où nous avons présenté *Jim*, c'était quelque chose de novateur et de décalé pour le marché du mobilier, une proposition inédite qui a beaucoup interpellé les gens. Pourtant, si on déplace le contexte et que l'on observe, par exemple, le marché de l'habillement, on s'aperçoit qu'il est beaucoup plus en avance que celui du mobilier, il a déjà basculé dans la modernité. Aujourd'hui, plus personne ne s'habille comme ses parents, alors que l'on vit encore avec des structures qui ressemblent beaucoup à celles de nos parents. Nous avons simplement voulu pointer cela pour faire prendre conscience que l'habitat est resté un domaine très inerte. Ce n'est pas l'idée de vouloir « changer pour changer », mais bien celle d'innover pour apporter des libertés, pour éviter d'être pris dans des structures et de s'enfermer dans les comportements qu'elles génèrent. Il n'y a rien de plus inquiétant que de penser que l'on va acheter une structure pour dix ans et être obligé ensuite de maintenir la même façon de vivre pendant tout ce temps !

Les autres projets développés avec Bruno et Philippe sont toujours de nouvelles typologies ou des objets qui ont des fonctions élargies. À chaque fois, c'est une porte ouverte vers autre chose : l'idée que la vie n'est pas figée et que notre environnement doit être aussi vivant que nous le sommes ! Ce sont aussi de petits projets qui se logent dans des interstices, ce qui signifie qu'il n'est pas nécessaire de changer tout son intérieur pour les mettre en place ! Ce sont des propositions alternatives qui mettent en évidence une certaine logique par rapport à la vie quotidienne. C'est un peu ça, l'esprit, le lien entre tous les projets.

Pour la question du développement du siège (convertible en matelas pour la sieste) *Téo de 2 à 3* – clin d'œil à *Cléo de 5 à 7* –, nous avons bénéficié d'une exposition chez des consultants qui proposaient que nous intervenions directement dans leurs bureaux. Or, à l'origine, ce n'était pas forcément un projet qui entrait dans le cadre d'une édition, mais suite à cette expérience, Domeau & Pérès a décidé de l'éditer. *Téo* est un produit emblématique qui démontre combien nos structures sont parfois enfermées dans un protocole : si la sieste est un tabou dans nos sociétés, elle ne l'est pas forcément ailleurs ! C'est une proposition un peu plus engagée… que les gens suivront ou non.

Avec le projet *Mobiwork*, l'idée était de domestiquer la technologie, symbole du monde du travail, en faisant oublier la vision un peu triste de l'outil informatique à la maison. Nous avons donc proposé un bureau ludique

Mobiwork
matali crasset, 2001

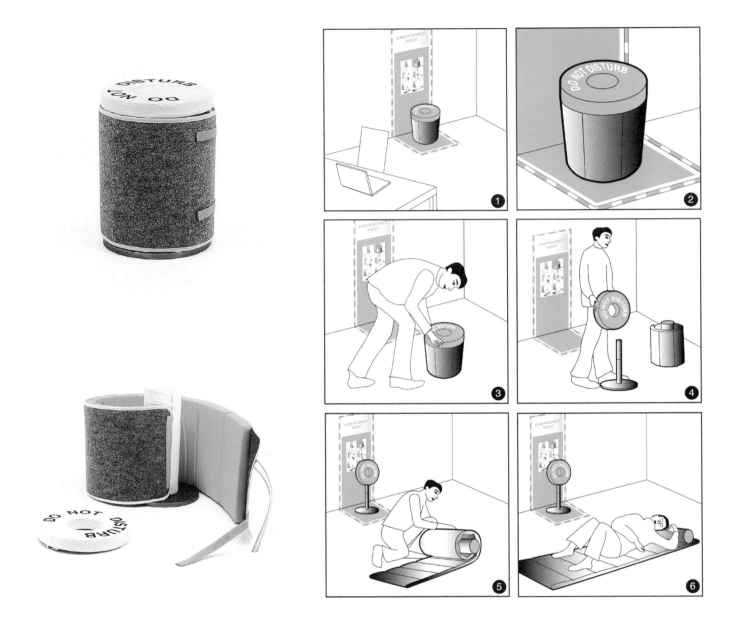

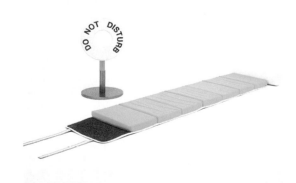

Téo de 2 à 3
tabouret, lit d'appoint,
et mode d'emploi, matali crasset, 1998

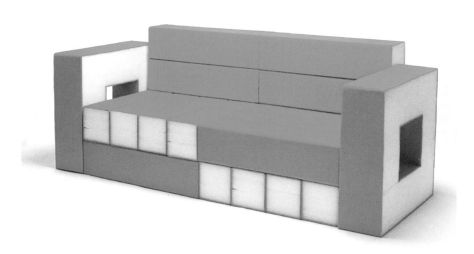

Permis de construire
canapé et jeu d'enfants, matali crasset, 2000

qui « digère » ces outils sous une peau translucide : ce filtre cache en partie l'ordinateur de manière à l'intégrer plus facilement dans une chambre, voire une chambre d'enfant. Quant à la proposition de chaise *Nextome*, elle offre une fonction élargie : autour d'une structure habituelle – une assise et un dossier –, on a ajouté des extensions qui peuvent être un porte-revues, un support pour la souris informatique…

L'idée maîtresse des projets *Oritapi* et *Permis de construire* était de concevoir des structures qui puissent être partagées par les parents et les enfants. Habituellement, une chaise d'enfant est une réduction homothétique d'une chaise d'adulte. L'esprit de ces projets est de considérer qu'il est possible de partager la même structure. Par exemple, le canapé *Permis de construire*, lorsqu'il n'est pas utilisé en tant que tel, change de destination : il est conçu pour permettre aux enfants de jouer. Nous savons tous que les enfants sautent sur les canapés, défont les coussins... *Permis de construire* est alors fait pour ça ! Ce qui m'intéresse, c'est de prendre un peu

à rebrousse-poils les interdits de l'habitat, de proposer d'autres modes de relation avec ses enfants et au sein de la famille. Il y a beaucoup de contextes différents, intéressants pour les parents, les grands-parents… Même pour ceux qui n'ont ni enfants ni jouets à la maison, *Permis de construire* devient alors un terrain de jeu.

De la même manière, *Oritapi* est un tapis. Par une découpe et un pliage à l'image d'un origami rudimentaire, les enfants jouent « dedans », cela devient leur espace de jeu. Ce n'est pas seulement un produit mais une manière différente de regarder la vie.

Avec Bruno et Philippe, nous voulons aujourd'hui valoriser la différence marquée par ces créations et faire en sorte que ces objets trouvent leur place. Il faut inventer d'autres réseaux, d'autres lieux de visibilité et de distribution. Là se trouve véritablement le levier qui doit permettre de faire évoluer les us et coutumes de l'habitat.

Propos recueillis en mai 2004 ■

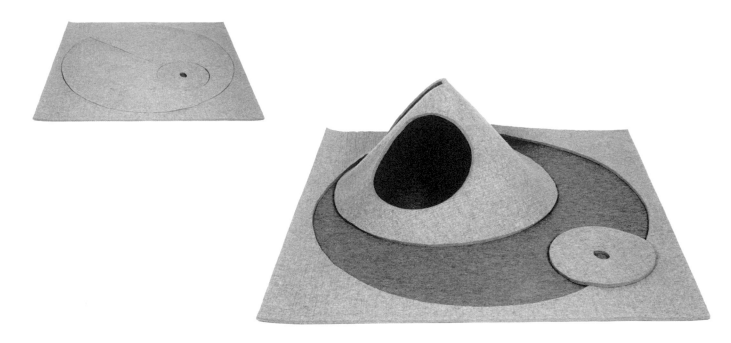

Oritapi
tapis et jeu d'enfant, matali crasset, 2002

François
Azambourg

Page précédente :

Very Nice
table et chaise, François Azambourg, 2004

Very Nice
chaise, François Azambourg, 2004

LORS DE MES PREMIERS ÉCHANGES AVEC BRUNO DOMEAU ET PHILIPPE PÉRÈS, J'AI ÉTÉ IMPRESSIONNÉ PAR LA MULTIPLICITÉ DE LEURS PROJETS ET PAR LEUR VOLONTÉ D'EXPRIMER UN SAVOIR-FAIRE À TRAVERS DES CRÉATIONS EXTRÊMEMENT CONTEMPORAINES. À L'ÉPOQUE, ILS TRAVAILLAIENT SUR L'UN DES MODÈLES DE CHRISTOPHE PILLET ET RÉALISAIENT UNE MAQUETTE GRANDEUR NATURE. CETTE MÉTHODE M'EST PROCHE CAR JE CRÉE ÉGALEMENT AVEC DES MAQUETTES EN CARTON OU DES PROTOTYPES. L'ENVIE RÉCIPROQUE DE TRAVAILLER ENSEMBLE A ENGENDRÉ NOTRE PREMIÈRE COLLABORATION : LA CHAISE *VERY NICE*.

L'idée de cette chaise part d'un rêve d'enfant, du temps où je construisais des modèles réduits en balsa entoilé. La résistance que l'entoilage donnait à ces constructions, alliée à la légèreté, m'a toujours impressionné. J'ai donc commencé à imaginer une chaise en balsa triangulée. Le premier prototype a été fabriqué dans ce matériau très léger, entoilé avec un film en polyester thermo-rétractable, qui comprime la chaise sur elle-même et assure la tenue de l'ensemble. Réalisé comme un modèle réduit, ce prototype a demandé une centaine d'heures de travail, d'où, pour une édition, la nécessité de trouver d'autres techniques tout en gardant le dessin de triangulation d'origine. Le balsa a été abandonné pour du contreplaqué de bouleau, un matériau plus rationnel mais plus lourd. Le contour de la chaise a été obtenu grâce à la technique de la découpe à l'eau : c'est un filet extrêmement fin qui décaisse littéralement la matière à une vitesse considérable et permet d'avoir un tracé très fidèle, donc des assemblages de qualité en même temps qu'une liberté de dessin complète. D'une saisissante complexité graphique, la chaise *Very Nice* n'engendre pas en contrepartie de difficultés de fabrication. Ce qui m'intéresse c'est la lisibilité, d'où mon choix de la transparence : la chaise donne l'impression d'avoir de nombreux composants, mais vue de profil, elle se présente d'une seule pièce de bois découpée entièrement sur le contour, l'intérieur étant évidé. Pour la finition, un film de plastique transparent rouge, posé manuellement, recouvre le premier prototype réalisé.

La chaise *Very Nice* est une création narrative. Elle raconte, par le jeu de sa transparence et de son graphisme, la façon dont elle est fabriquée. Elle montre comment la structure fait décor et réciproquement. Toutes ces approches me passionnent.

Ma collaboration avec Bruno et Philippe a orienté le cheminement du projet. Nous avons eu des arrêts sur image pour, à chaque étape, discuter toutes les questions. Chaque élément, chaque détail, ont été regardé en termes de fabrication, de solidité, d'esthétique... Au départ, j'ai dessiné une chaise, c'était un rêve d'enfant. Au cours du travail, le projet a changé de nature et suivi un cheminement différent pour devenir un projet d'édition. C'est un rêve qui se donne alors des principes de réalité. À un certain moment, l'alternative devient la suivante : soit nous restons dans le cadre d'un prototype pur qui sera une pièce unique, soit nous décidons de le proposer au plus grand nombre. L'édition pose alors des questions de fabrication, de coût et d'adaptation. Ainsi, le film transparent de couleur, prévu à l'origine pour recouvrir la chaise, n'a pas été conservé. Mais par ailleurs, nous avons imaginé l'idée d'une collection avec un premier projet de table pouvant être décliné en tabourets, chauffeuses... Au cours de ce développement, je ne me suis plus senti l'unique auteur de mes projets mais plutôt le maillon d'une chaîne dont les réalisations sont le fruit d'une réflexion collégiale, d'un travail de concert vécu dans l'écoute réciproque.

Propos recueillis en mai 2004 ■

Very Nice
table et chaises, François Azambourg, 2004

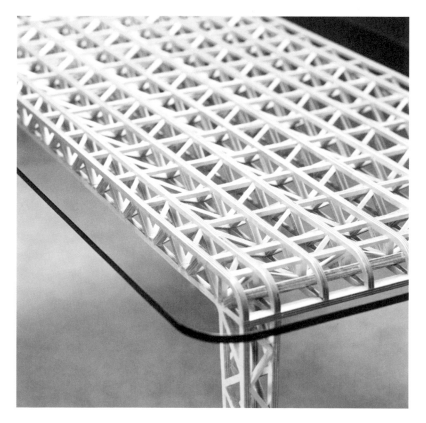

Very Nice
chaise et table, détails, François Azambourg, 2004

Very Nice
prototype, projet VIA, François Azambourg, 2003

U/O'(tab)*
table, mobilier pour l'Unesco, Odile Decq et Benoît Cornette, 2002

Club'in
fauteuil, Milan Vukmirovic, 2004

Bibliothèque
Alexandre de Betak, 2003

Alexandre de Betak

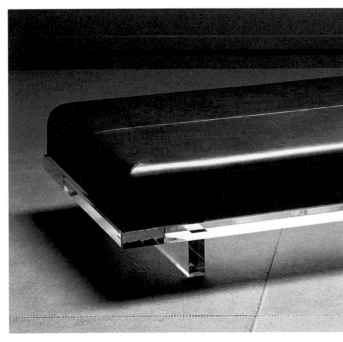

Page précédente :

Bibliothèque et Banc
détails, Alexandre de Betak, 2003

MON ACTIVITÉ QUOTIDIENNE EST DE CONCEVOIR, POUR DES ÉVÉNEMENTS OU DES DÉFILÉS DE MODE, DES SCÈNES, DES DÉCORS ET TOUS LES ÉLÉMENTS QUI LES COMPOSENT, OBJETS ET MEUBLES. C'EST AINSI QUE J'AI RENCONTRÉ BRUNO DOMEAU ET PHILIPPE PÉRÈS. NOUS DEVIONS CRÉER UNE CHAISE GIGANTESQUE POUR UN DÉFILÉ. CE MEUBLE N'A FINALEMENT PAS ÉTÉ RÉALISÉ, MAIS NOUS AVONS DÉCIDÉ DE COLLABORER POUR D'AUTRES PROJETS. JE LEUR AI PROPOSÉ MA PREMIÈRE LIGNE DE MOBILIER : UNE BIBLIOTHÈQUE ET UN BANC.

Je dessine habituellement des environnements, parfois des meubles, pour des créateurs de mode afin de les aider à représenter leur marque et à définir leur univers. C'est un exercice de style très amusant et extrêmement intéressant. Travailler avec Bruno et Philippe m'a permis d'ajouter une nouvelle corde à mon arc.

L'aventure a été stimulante. Tous deux ont accepté de se lancer, pour la première fois, dans un travail autour de la lumière et du Plexiglas. La lumière étant un de mes moyens d'expression favoris lors des défilés, il me semblait important de l'utiliser pour mes premiers meubles.

Les contraintes du projet de la *Bibliothèque,* étaient liées au poids du matériau (vide, elle pèse environ 200 kilos), à la qualité du polissage et de l'assemblage du Plexiglas afin qu'il devienne réellement incolore et totalement

Banc
Alexandre de Betak, 2003

Bibliothèque
Alexandre de Betak, 2003

invisible, ce que l'on ne peut obtenir avec du verre. Le *Banc*, lui, devait rester léger, avec une épaisseur et une qualité satisfaisantes, la finalité de ces deux meubles étant de changer d'apparence selon l'heure, la situation et l'éclairage. Ainsi, lorsque la *Bibliothèque*, remplie de livres, est allumée dans l'obscurité, elle semble disparaître, donnant le sentiment que les livres sont des blocs qui flottent dans l'espace. Cette perspective ludique m'intéresse.

Pour chacune de mes créations, je cherche avant tout des alliances inattendues de techniques et de matériaux divers. J'essaie de moduler des éléments – comme la lumière – qui toucheront d'autres sens que ceux habituellement sollicités par le meuble. Je trouve passionnant d'utiliser des moyens toujours différents, à des fins différentes. Pour des meubles comme la *Bibliothèque* et le *Banc*, j'ai souhaité utiliser le méthacrylate, la lumière et le cuir. Mais une prochaine fois, ce pourrait être aussi bien l'image ou la musique, liées à des matériaux plus organiques ou plus froids. J'aime expérimenter. La raison d'être de ce que je fais, c'est de détourner tout ce qui m'intéresse et m'inspire pour aboutir à un résultat toujours différent.

Bruno et Philippe ont à la fois l'ambition de la qualité alliée à une immense audace qui les pousse à s'engager sur des matériaux qu'ils ne connaissent pas et qui ne ressortent pas de leur activité d'origine. Cette première création est une recherche absolue de perfection et une réelle aventure ! Bruno et Philippe l'ont menée avec quelqu'un comme moi, qui n'avait jamais fait de meuble auparavant !

Propos recueillis en mai 2004 ■

Milan
Vukmirovic

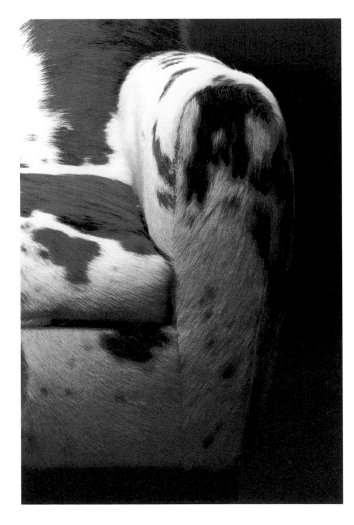

Page précédente :

Club'in
détails des fauteuils, Milan Vukmirovic, 2004

Dessin de l'aigle brodé sur le fauteuil cuir
©Milan Vukmirovic pour Domeau & Pérès, 2004

IL Y A QUELQUES ANNÉES, J'ÉTAIS DIRECTEUR ARTISTIQUE ET ACHETEUR CHEZ COLETTE. CHOISIR DES OBJETS DANS TOUS LES DOMAINES — DESIGN, LIVRES, COSMÉTIQUES… — ET LES RASSEMBLER DANS UN MÊME ENDROIT ME PASSIONNAIT. J'ÉTAIS DONC EN PERMANENCE À LA RECHERCHE DE NOUVEAUTÉS. C'EST AINSI QUE J'AI REMARQUÉ LE MEUBLE *EASY LOUNGE* DE CHRISTOPHE PILLET, ÉDITÉ PAR DOMEAU & PÉRÈS ET RECOUVERT PAR PUCCI. L'ASSOCIATION — MEUBLE ET CRÉATION DE TISSUS — ÉTAIT INNOVANTE. À PLUSIEURS REPRISES, J'AI PRÉSENTÉ LA *VIDEO LOUNGE* DE CHRISTOPHE PILLET, « HABILLÉE » DE TISSUS DIFFÉRENTS, CE QUI M'A DONNÉ L'OPPORTUNITÉ DE RENCONTRER BRUNO ET PHILIPPE.

Le fruit de notre première collaboration a été le fauteuil *Club*. Ce projet est né de mon désir de revisiter une forme archétypale en l'habillant différemment. Ce n'est pas dans la ligne du fauteuil que se situe mon intervention mais dans l'habillage du meuble, dans sa réinterprétation, d'où cette idée de *Club* recouvert en « vache », ou en cuir brodé. Chaque fauteuil porte en lui une image, évoque une ambiance particulière. Par exemple, le *Club* version cow-boy suggère le rodéo ; le modèle en cuir avec un aigle brodé fait allusion à l'univers de la mode. On voit rarement une broderie — un savoir-faire de la haute couture — sur un meuble ! Avec le *Club*, cela devient possible. C'est un fauteuil chic, mais avec un côté « rock n'roll ». Une façon d'apporter de l'humour à la création…

Je crois beaucoup à la rencontre des univers de la mode et du design. Ma collaboration avec Bruno et Philippe me donne l'opportunité de les mettre en relation, de créer des échanges entre ces deux mondes trop souvent cloisonnés et de les métisser davantage. Il me semble qu'aujourd'hui, la création embrasse des horizons plus vastes.

Propos recueillis en mai 2004 ■

Club'in
fauteuil en cuir, Milan Vukmirovic, 2004

Odile Decq
Benoît Cornette

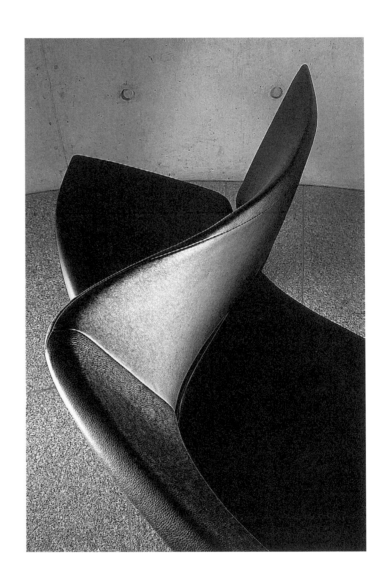

Page précédente :

Confident
mobilier Unesco, détail
Odile Decq et Benoît Cornette, 2002

En 2001, au Salon du meuble de Paris, je cherchais un éditeur afin de réaliser le mobilier que j'avais imaginé pour le hall d'accueil de l'Unesco. C'était ma première tentative avec des fauteuils, il y en avait une grande quantité à réaliser dans des délais extrêmement courts… ! Bruno et Philippe s'y sont intéressés. Ils ont accepté le défi que représentaient à la fois le délai et l'aventure avec quelqu'un de néophyte sur ce type de projet !

Chauffeuse
mobilier Unesco, Odile Decq et Benoît Cornette, 2002

Pour ce hall d'accueil de l'Unesco, j'ai conçu et dessiné un mobilier spécifique. Deux contraintes, d'ordre différent, se présentaient : l'immensité de l'espace du hall et la cohérence avec l'esprit du bâtiment – construit dans les années 50. Je me suis souvenue d'un fauteuil des années 70 qui serpentait dans les salles d'exposition des grands musées, c'était le siège *Amphys* de Pierre Paulin. J'ai donc revisité cette ligne serpentine grâce à un élément de départ : l'unité d'une assise, qui se développe et se transforme à l'intérieur de cet espace d'accueil. J'ai dessiné une première *Chauffeuse* avec un profil particulier que j'ai repris ensuite pour fabriquer son *Confident*. Ce dernier m'a permis de faire sinuer le « serpent » et pour le finaliser, j'ai ajouté une méridienne et un fauteuil. Ces différents éléments se combinent dans tous les sens selon les sinuosités auxquelles on aspire ! Il est prévu d'éditer la *Chauffeuse* et le *Confident* simultanément, afin de faciliter la compréhension de leur combinatoire. Fort complexes, notamment la structure du *Confident*, ces fauteuils ont demandé un important travail de recherche.

J'ai également dessiné une « table console », toujours pour le hall d'accueil de l'Unesco. Sa particularité réside dans sa longueur et sa grande finesse. Pour lui donner la rigidité nécessaire, un travail spécifique a été mené. Pour l'Unesco, elle a été réalisée en couleur orange – une référence à la teinte de l'une des fresques du hall ; pour l'édition, elle a été développée en noir – c'était alors la première table éditée par Domeau & Pérès. La valeur noire aiguise davantage la tranche de cette table aux lignes extrêmement élancées et aux bords d'attaque très fins, car la lumière, renvoyée d'une autre façon sur la surface sombre, la profile davantage.

Fonctionnalité et esthétique sont au cœur de mes préoccupations. Mes meubles se doivent d'être beaux et d'apporter l'usage et le confort qu'on en attend. Je cherche également à utiliser au plus près la « vérité des matériaux » qui contiennent en eux-mêmes leur propre spécificité et leur couleur. Pour le plateau de la table, la couleur noire est donnée directement par la résine.

J'apprécie particulièrement chez Bruno et Philippe qu'ils participent des débuts d'un créateur, je pense aux Bouroullec ou à Matali Crasset par exemple, et dans mon cas je n'avais jamais réalisé d'assises auparavant ! Bruno et Philippe ont cet enthousiasme et cette qualité d'écoute qui permettent à chacun de nous de fonctionner en étroite relation avec eux. Recherche technique,

élaboration d'un prototype, phase de développement, réalisation de chaque pièce individuellement…, toutes ces étapes prouvent à quel point Bruno et Philippe plongent dans l'expérimental et la création. C'est en cela qu'ils sont de véritables éditeurs.

Propos d'Odile Decq, recueillis en juin 2004 ■

Confident et Chauffeuse
mobilier Unesco, Odile Decq et Benoît Cornette, 2002

Vincent
Dupont-Rougier

Page précédente :

Donald, El, Maarten
table basse modulable, Vincent Dupont-Rougier, 2004

Module Donald
Vincent Dupont-Rougier, 2004

Nous sommes entrés en relation, Bruno Domeau, Philippe Pérès et moi, pour la première fois en 1997, au Salon du meuble de Paris. Leur présence était remarquable car il est rare, d'une part, que des artisans possédant ce savoir-faire s'aventurent dans la création contemporaine et d'autre part, il est exceptionnel qu'ils fassent confiance à des designers et se positionnent comme éditeurs… ! Grâce à ce choix, leur savoir-faire, à la fois traditionnel et très pointu, nourrit des recherches passionnantes. Leur vision témoigne d'une réelle ouverture : stylistes, gens de la mode…, viennent vers eux pour créer des pièces. La démarche de Domeau & Pérès ouvre le design et le mobilier à d'autres regards, à d'autres courants.

Depuis notre premier contact, nous nous sommes fréquentés régulièrement, et géographiquement, nous sommes presque voisins, ce qui nous a également rapprochés ! Au commencement de notre collaboration nous n'avions pas d'idées précises, simplement le désir de travailler ensemble. Le premier projet – des tables basses modulables – s'est formé assez naturellement dans l'optique d'accompagner leur collection, constituée à l'origine par des assises. C'est une proposition modeste. J'avais envie que ces tables s'effacent en s'adaptant (grâce à plusieurs modules) aux dimensions et à la disposition de ces assises. C'est également une tentative pour réunir, lier des objets formellement différents par une sorte de non-couleur, blanc ou noir, agissant comme médium et servant d'élément de juxtaposition ou de passerelle. Ce projet simple combine discrètement des territoires de « demi-rangement » ou « rangement intermédiaire », une idée à laquelle je m'intéresse beaucoup. En fait, une question d'ordre et de désordre, aussi bien dans les objets rangés que dans la disposition des modules entre eux et dans l'espace. Un jeu constructiviste inspiré notamment par le travail du peintre russe El Lissitsky. Les tables combinent deux matériaux. Le piétement, placé en retrait, est en inox miroir. En reflétant le sol, il disparaît et donne une impression de légèreté, d'apesanteur. Les éléments, eux, sont en tôle d'aluminium, laqué à l'extérieur et brossé à l'intérieur.

Dans mon travail, éprouvé avant tout comme un espace de défrichement et d'expérimentation, mon intérêt se porte moins vers les matériaux que vers les rapports qu'ils entretiennent avec la narration, les fonctions, les formes. Je crois que la création est une question de nécessité et de curiosité constantes. Je suis donc sensible à ce qui fait exister un objet, à son histoire, son intimité, à ce qu'il nous transmet du monde. Derrière l'objet, on trouve toujours des hommes, une multitude, en fait, qui le conçoivent, le fabriquent, l'utilisent, le désirent...

En regardant attentivement les objets qui nous entourent, on devine ces strates, cette construction complexe composée à la fois de « savoir-faire », d'histoire, de commerce, de rencontres... Un simple élément de mobilier urbain, par exemple, nous dit beaucoup sur l'histoire de la rue, sur le développement de l'industrie et des matériaux, sur l'art de son temps. L'objet est alors porteur de quantité de traces, de signes parfois très anciens. C'est pourquoi, le design qui, par démagogie, ne traiterait que d'un seul aspect de l'objet, sa forme par exemple, restreint son champ d'application et le transforme en accessoire. Le design doit au contraire envisager l'objet dans sa globalité, dans son rapport au monde.

Propos recueillis en mai 2004 ■

Modules El et Maarten
Vincent Dupont-Rougier, 2004

Donald, El, Maarten
table basse modulable, Vincent Dupont-Rougier, 2004

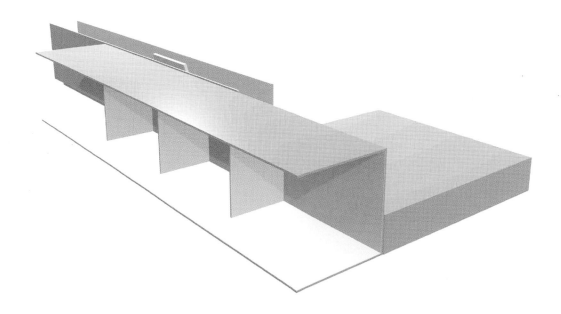

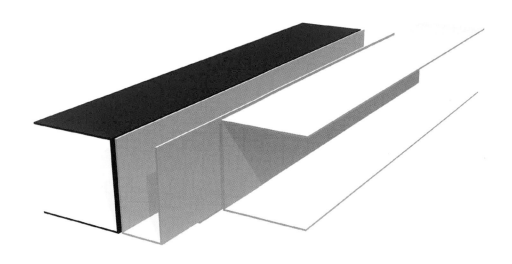

Table basse modulable
brouillon 3D, projet pour Domeau & Pérès ©Vincent Dupon-Rougier, 2004

Bureau
Ronan et Erwan Bouroullec, 2001

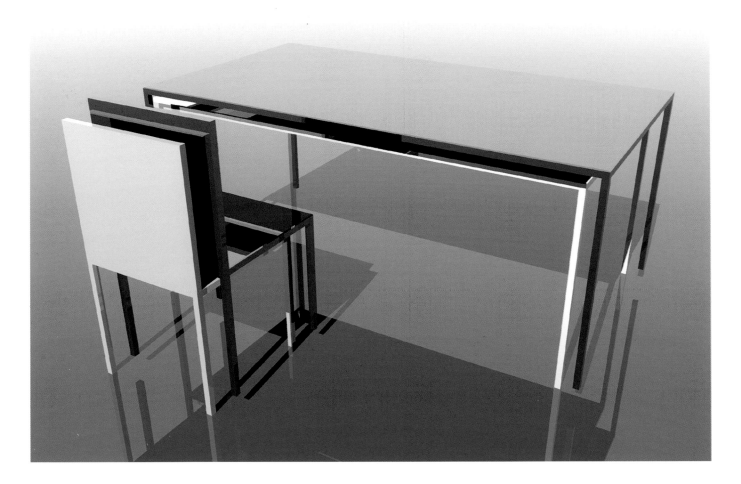

Androne
table et chaise, image 3D ©Jérôme Olivet, 2004

Feutre
canapé, fauteuil et pouf, Élodie Descoubes et Laurent Nicolas, 1998

Laurent
Nicolas

Page précédente et ci-dessous :

Feutre
fauteuils et détail des coutures,
Élodie Descoubes et Laurent Nicolas, 1998

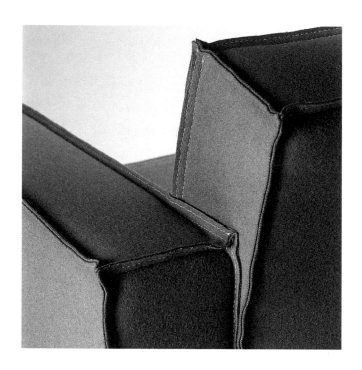

UN PROJET DE SIÈGE PRÉSENTÉ AU VIA, EN 1996, AVEC ÉLODIE DESCOUBES, NOUS A PERMIS DE CROISER NOTRE CHEMIN AVEC CELUI DE BRUNO DOMEAU ET PHILIPPE PÉRÈS, RÉCEMMENT INSTALLÉS. UN PROTOTYPE A RAPIDEMENT PRIS FORME ET A ÉTÉ EXPOSÉ AU SALON DU MEUBLE DE PARIS, PUIS DE COLOGNE. CE PREMIER PROJET DÉVELOPPÉ AVEC BRUNO ET PHILIPPE EST LE FRUIT D'UN ÉCHANGE ENTRE CRÉATEUR ET FABRICANT-ÉDITEUR. UNE RELATION HUMAINE SIMPLE, SAINE ET DIRECTE, POUR UNE RÉALISATION « SUR MESURE » AU COURS DE LAQUELLE ILS ONT APPORTÉ UN VRAI « SAVOIR-FAIRE », UN VRAI « SAVOIR-COMPRENDRE » ET UN VRAI « SAVOIR-ENTENDRE » ! DANS L'ÉLAN DE CETTE RENCONTRE, *FEUTRE*, NOTRE PREMIÈRE COLLECTION D'ASSISES, A ÉTÉ ÉDITÉE.

Le concept de la collection *Feutre* s'appuie sur un système d'éléments basiques, une assise simple qui privilégie une logique de déclinaisons : conçue avec accoudoirs pour le fauteuil, l'assise est déclinée en canapé deux places le fauteuil, l'assise est déclinée en canapé deux places ; la juxtaposition du fauteuil et du « deux-places » places » forment elles-mêmes un canapé quatre places et ainsi de suite… La même assise, sans accoudoirs ni dossier, aboutit à un repose-pieds. L'autre particularité de la collection *Feutre* porte sur la finition des coutures, apparentes, volontairement visibles afin de montrer la technicité de la fabrication et l'esthétique du travail.

Avec la méridienne, nous voulions créer une assise un peu particulière : l'idée d'un point-virgule dans la collection, obtenu par la réunion d'une assise de fauteuil avec un pouf à l'extrémité, l'un des accoudoirs du fauteuil étant supprimé afin d'accueillir une personne. L'univers de la collection *Feutre* est tout entier rassemblé dans cette méridienne qui induit une disposition d'esprit et un comportement différents.

Par la suite, Bruno et Philippe m'ont proposé de leur dessiner une nouvelle collection d'assises intitulée *Multi* : un projet fondé sur la recherche d'un système modulable mais qui serait d'une fabrication relativement simple pour l'édition. Dans ce développement, nous avons travaillé sur l'évolution du produit dans le temps et l'espace. La collection des canapés *Multi* présente différentes propositions ou « menus », six au total, comme au restaurant où l'on déguste ce que l'on a choisi ! C'est un ensemble « multi » facettes, « multi » positions, organisé de façon modulaire.

Feutre
méridienne et détail de la couture, dessin au crayon
©Laurent Nicolas pour Domeau & Pérès, 2004

Multi
canapé modulable, Laurent Nicolas, 2004

Les deux collections *Feutre* et *Multi* permettent de vivre à une échelle humaine. Nous n'avons pas réalisé des sièges démesurés, atypiques, ou des « objets-images » vendus à très peu d'exemplaires, mais des meubles discrets, des supports confortables qui utilisent des matériaux simples et bruts, proches de l'univers de l'Arte Povera.

Domeau & Pérès se singularise par une culture de la création, ouverte à toute démarche singulière susceptible d'enrichir le vocabulaire de la Collection. Sur chaque projet, Bruno et Philippe posent le regard professionnel de deux personnalités tournées vers la fabrication et la recherche de solutions techniques, avec une capacité d'invention qu'accompagne une démarche esthétique et humaine.

Propos recueillis en mai 2004 ■

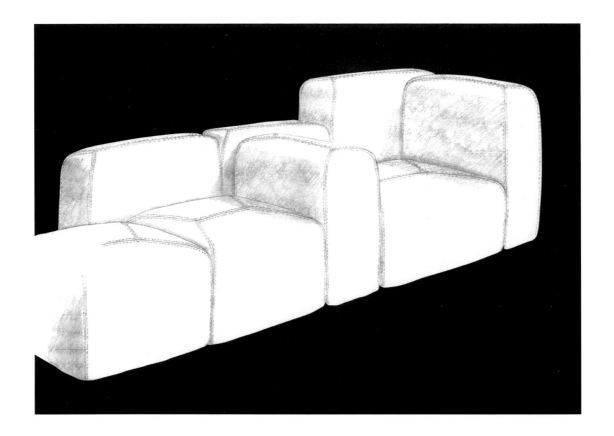

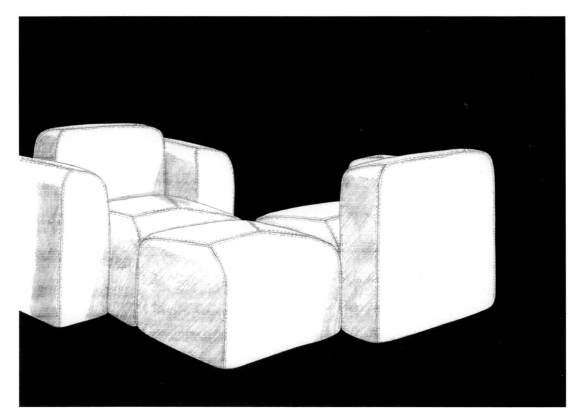

Multi
canapé modulable, dessin au crayon ©Laurent Nicolas pour Domeau & Pérès, 2004

Ronan et Erwan
Bouroullec

Page précédente :

Bureau
Ronan et Erwan Bouroullec, 2001

Tablette
Ronan Bouroullec, 1999

NOUS AVIONS UN STAND VOISIN DE CELUI DE BRUNO DOMEAU ET PHILIPPE PÉRÈS AU SALON DU MEUBLE DE PARIS, EN 1998. LE CONTACT S'EST ÉTABLI NATURELLEMENT ET BRUNO ET PHILIPPE NOUS ONT PROPOSÉ D'IMAGINER CE QUE NOUS POURRIONS FAIRE ENSEMBLE. LES CHOSES ONT DONC DÉBUTÉ SIMPLEMENT PAR QUELQUES DESSINS, UN DIALOGUE AUTOUR DE CES ÉBAUCHES DE PROJETS, PUIS UNE PREMIÈRE COLLABORATION. BRUNO ET PHILIPPE SONT RÉPUTÉS POUR LEUR UTILISATION BELLE ET EXTRÊMEMENT PRÉCISE DES TEXTILES ET DES CUIRS. CE SAVOIR-FAIRE NOUS A ATTIRÉS.

Le *Safe Rest* – un lit de repos – est notre premier projet. L'objectif se voulait ambitieux : obtenir une assise confortable sans passer par les moyens techniques habituels qui produisent « du confort », à savoir la suspension et l'épaisseur des coussins. Il fallait chercher une voie nouvelle, une technique inédite qui donnerait une réelle qualité d'assise, sans multiplier les épaisseurs et tout en conservant une ligne extrêmement fine. Par ailleurs, ce meuble voulait jouer d'une typologie de l'« entre-deux », à la fois lit de repos et banquette ! Le *Safe Rest* a du mystère en lui, quelque chose d'indéfini dans son usage et sa destination.

Le développement en atelier de ce projet, étape après étape, nous a passionnés. En cherchant à obtenir le résultat souhaité – un confort généreux à partir d'une mise au point relativement nouvelle – nous nous sommes heurtés à deux difficultés. La première se rapporte à la structure métallique, qui exige une approche complexe en termes de portée et de tension. En effet, la tenue générale de l'objet doit être résolue, notamment pour que celui-ci ne fléchisse pas, en utilisant si possible un tube relativement fin (d'un diamètre de 20 millimètres, au lieu des 30 requis pour le bon maintien de l'ensemble). Le second obstacle naît de la difficulté à suspendre solidement, sur le châssis métallique, un textile composé de trois éléments superposés et hybrides : de la laine, de la mousse et une toile de coton très robuste. Par conséquent, les coutures occupent une place primordiale. Tous les cinq centimètres, une couture, perpendiculaire à la longueur de l'objet, organise et architecture le *Safe Rest*. La structure d'ensemble est donnée par le tissu et par les coutures qui le maintiennent dans une tension forte, comparable à celle d'un ressort, évitant ainsi le phénomène de cuvette. Ces coutures, qui pourraient n'être que décoratives, ont ici un rôle essentiel en même temps qu'un intérêt graphique.

Plusieurs versions du *Safe Rest* ont vu le jour. La première n'était pas tout à fait satisfaisante car nous n'avions pas réussi à résoudre de manière optimale le problème de la portée. Un pied central s'était révélé nécessaire. Par la suite, grâce à une structure inédite, nous avons pu développer ce côté aérien, d'une seule portée, sans appui central.

En fait, nous ne sommes jamais aussi à l'aise que lorsque nous abordons une nouvelle problématique et que nous sommes confrontés à une technologie inconnue ou à un nouvel interlocuteur. Notre travail consiste essentiellement à transformer une idée en un objet totalement accompli. Celle du *Safe Rest* a été déclinée, à partir d'une série de dessins, en étagère, en table, en siège, en lampe... Mais au final, l'objet qui nous est apparu comme le plus intéressant était ce lit de repos car il se suffit à lui même.

Le siège *Un et demi* est la première pièce dessinée par Erwan. *Un et demi* traite essentiellement de confort en adoptant une approche technique originale qui paraît simple, à première vue ! Il s'agit d'une coque en fibre de verre sur laquelle est contrecollée une mousse gainée de laine. Tout le travail a consisté, prototype après prototype, à concevoir la structure de l'assise en calculant les épaisseurs indispensables et extrêmement précises à certains endroits, particulièrement à la jonction du dossier et de l'assise, ceci afin d'obtenir une flexion maximale sans risque de rupture du matériau. *Un et demi* est un siège conçu avec un plan de pose qui peut ainsi offrir une assise supplémentaire... d'où son nom !

Le *Bureau* est la troisième pièce réalisée avec Bruno et Philippe. À l'époque, nous venions de découvrir le Corian. C'est un matériau intéressant : une résine de plastique mêlée à un pourcentage élevé de poudre de

Safe Rest grand modèle
lit de repos, Ronan Bouroullec, 2004

Safe Rest II
lit de repos, Ronan Bouroullec, 2004

Dessins au feutre et au Bic
projet de siège pour Domeau & Pérès ©Ronan Bouroullec, 1999

marbre qui lui donne un certain poids, une tenue et un toucher froid. Sa spécificité réside dans sa capacité à se coller et s'assembler sans joints apparents. Il nous a semblé important, à travers ce meuble, de conserver la culture de Domeau & Pérès, sellier et tapissier - issus du compagnonnage. Pour cela, nous avons utilisé un cuir contrecollé sur le dessus du bureau. Une portion du plateau en Corian a été affinée de l'épaisseur précise du cuir, donnant l'impression visuelle d'une seule et même pièce, pourtant hybride. C'est un peu comme si le plateau avait été tranché – un procédé employé pour certaines pierres – et qu'une matière différente avait été découverte à l'intérieur. Cela évoque les sousmains en cuir des bureaux d'autrefois ! Il est d'ailleurs extrêmement agréable de dessiner ou d'écrire sur la matière de ce bureau.

Depuis l'origine, notre collaboration avec Bruno et Philippe s'établit dans un rapport d'équivalence. Ils sont artisans et nous-mêmes sommes des créateurs procédant de manière plutôt artisanale, même si notre travail récent se tourne davantage vers des techniques industrielles. Nos débuts ont été similaires aux leurs, avec une concordance de situation, d'âge, et un niveau de développement analogue. Travailler les problématiques du mobilier avec Domeau & Pérès, c'est procéder de la même manière que dans les ateliers de haute couture : prendre le temps d'étudier chaque détail à la lumière d'un savoir technique et artistique exceptionnel. Bruno et Philippe réalisent des pièces audacieuses que personne d'autre n'accepterait de tenter et par conséquent, occupent dans l'univers du mobilier contemporain, une place originale qui n'appartient qu'à eux.

Propos de Ronan Bouroullec, recueillis en mai 2004 ■

Un et demi
fauteuil, Erwan Bouroullec, 1999

D O M E A U E T P É R È S | D E S I G N

Jérôme
Olivet

Page précédente :

Androne
tabouret et détail de la table, Jérôme Olivet, 2004

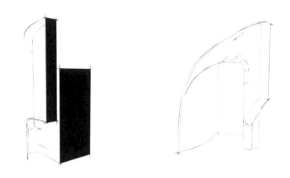

Hyperespace
tabouret, dessins ©Jérôme Olivet, 2002

C'est par l'intermédiaire de Matali Crasset que j'ai découvert Bruno Domeau et Philippe Pérès. À l'exposition Satellite de Milan, en 2001, j'avais montré un projet de mobilier conceptuel et futuriste. Quelques mois après, je leur ai présenté cette collection de laquelle est sorti l'*Hyperespace*, un tabouret d'appoint qui a été ma première pièce éditée par Domeau & Pérès. Avec ce projet, Bruno et Philippe m'ont permis de passer du niveau de la recherche à celui de la fabrication. Un savoir-faire d'éditeur.

Hyperespace est issu d'une utopie : fonder une société dont les objets aux formes inédites procureraient des sensations nouvelles. *Hyperespace* est une forme pure, moulée d'une seule pièce, sans aucune structure. C'est un mouvement figé dont le point culminant est composé de deux rectangles noirs en lévitation. La couleur agit comme une empreinte, le reste disparaît. Ce jeu d'effacement au profit de la mise en avant de la structure du rectangle et de ses faces m'a particulièrement intéressé. *Androne* est un mobilier résultant d'une recherche mathématique, une voie nouvelle dans mon travail, une

quête de ces espaces rares et créatifs qui projettent les utilisateurs dans un monde nouveau. J'ai présenté les premiers dessins à Bruno et Philippe. La forme, en volume tout d'abord, a évolué ensuite vers un assèchement des lignes. Bien qu'essentiel dans sa forme, *Androne* est en même temps très abouti dans son concept : c'est une nouvelle dimension composée d'une table, d'une chaise et d'un tabouret, un vrai triptyque ! Ce mobilier est en quelque sorte en lévitation : le jeu des couleurs accentue la sensation d'un mouvement entre les deux formes identiques. Tout en étant assis, on travaille à dix centimètres du sol... Je l'appelle *Androne, un voyage inconscient.*

Androne a subi une évolution. Le premier projet, l'*Hyper Androne*, concept à l'état pur, a été décliné par approfondissements successifs. Nous avons agi dans le détail – comme avec un zoom –, pour arriver à la version actuelle du *Super Androne* où seul le plateau de la table se dédouble. Le cuir qui recouvre l'ensemble du mobilier apporte réellement un confort et un effet de matière, conférant une dimension supplémentaire à la structure. Ce « modèle mathématique » devient un mobilier utile. Plus qu'une couleur, il « est » à la fois un toucher et une chaleur, nécessaires à l'objet et à sa fonction. La dernière génération d'*Androne* est un mobilier de bureau.

Bruno et Philippe sont assurément les seuls en France à pratiquer ce travail de recherche qui promeut une jeune création et un design d'avant-garde. Au contact de chaque personnalité, de chaque image projetée qu'eux seuls savent capter, ils engendrent une vision contemporaine en symbiose avec le créateur. Ils n'ont pas hésité à mettre en avant mes pièces et ainsi à surprendre..., en même temps, Bruno et Philippe possèdent cette tradition très élégante d'un art de vivre à la française, prolongement de l'artisanat de la Renaissance. Nos projets sont avant tout une rencontre qui pour moi est advenue comme une destinée.

Propos recueillis en mai 2004 ■

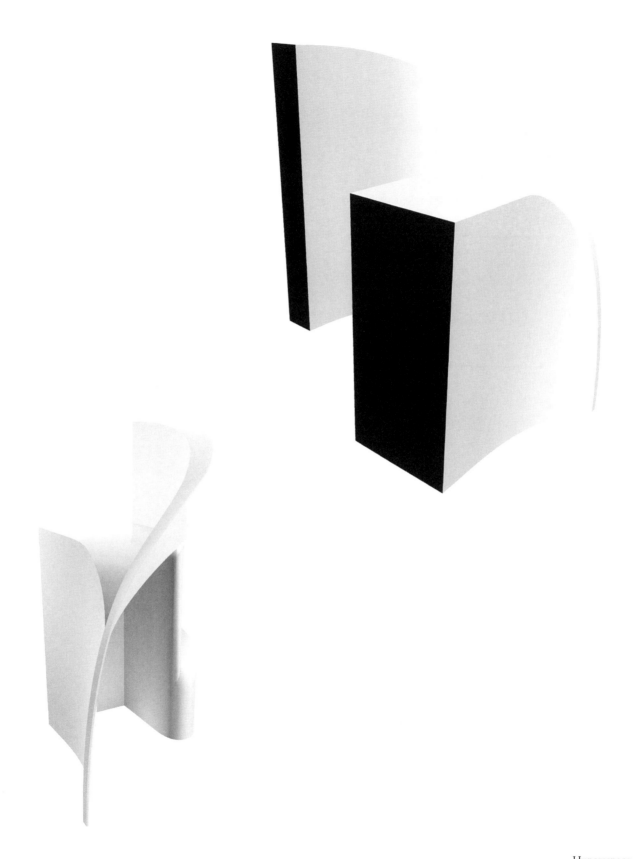

Hyperespace
tabouret, Jérôme Olivet, 2002

Martin
Szekely

Page précédente et ci-dessous :

Siège Domo
fauteuils, Martin Szekely, 2004

DÈS SON ORIGINE, LA FORMULATION DU PROJET DE SIÈGE *DOMO*, DÉVELOPPÉ AVEC BRUNO DOMEAU ET PHILIPPE PÉRÈS, A VOLONTAIREMENT EU QUELQUE CHOSE D'ÉLÉMENTAIRE. LES DEUX BLOCS JUXTAPOSÉS, L'UN HORIZONTAL POUR L'ASSISE ET L'AUTRE VERTICAL POUR LE DOSSIER, SONT DES FORMES ANODINES QUI PEUVENT PASSER TOTALEMENT INAPERÇUES AU QUOTIDIEN. CE SIÈGE N'EST PAS UNE IMAGE. IL S'IMMISCE DANS DES CONTEXTES TRÈS DIFFÉRENTS SANS VENIR PERTURBER CE QUI EXISTE. IL EST PRESQUE UNE ABSTRACTION.

La conception de notre projet participe d'une attitude en réaction à un certain type de mobilier : un mobilier « d'image », évocateur d'un certain confort, mais un confort tout relatif ! Notre travail a donc porté sur la recherche du « confort ». C'est bien sûr une notion relative car fluctuante selon les époques ou les usages. Mais le confort n'est-il pas ce moment où l'on oublie

son corps ? Notre siège n'a pas « l'image du confort » mais il l'apporte par son usage… et c'est une surprise de découvrir, une fois assis, que ce siège est confortable !

« Ce siège n'est pas une image, il est avant tout un usage »

Le siège *Domo* est le fruit d'une recherche patiente sur la composition de la structure de l'assise, sur le choix et la juxtaposition de mousses de densité différente, et également sur la tapisserie. Le travail autour de cette pièce est important mais on ne le sent pas ; un projet réussi est celui qui ne laisse pas percevoir le labeur nécessaire !

L'expérience de mes précédentes réalisations m'a fait réfléchir sur les différentes déclinaisons que recouvre le mot « objet » : objet que l'on partage ou que l'on s'approprie… Depuis, mon travail est axé sur ce qui me semble l'essentiel : « l'élémentaire » de chaque projet, le côté « préhistorique » du design, pourrait-on dire ! Ce qui me passionne, c'est la création d'objets qui ne seraient pas encombrés par l'histoire du design mais enracinés dans l'esprit originel, avant que le design n'existe, tout en étant pensés aujourd'hui avec l'appui des technologies contemporaines.

Ce qui m'intéresse chez Bruno et Philippe, c'est la diversité des propositions contenues dans leur Collection. Reflet d'une grande disponibilité envers les créateurs, fruit de toutes leurs explorations techniques et recherches menées en amont, la Collection témoigne d'une ouverture d'esprit rarement rencontrée chez les artisans.

Propos recueillis en juin 2004 ■

Siège Domo
fauteuils et pouf, Martin Szekely, 2004

Annexes

Mobilier édité par Domeau & Pérès

Christophe Pillet

Atelier Renault, 2000 ; chauffeuse 140 × 140 × 65 cm ; banc 140 × 70 × 34 cm ; structure bois, mousse haute résilience, pieds en fonte d'aluminium, couverture tissu.

Easy Lounge, 1997; canapé 182,5 × 82 × 80 cm ; structure bois, mousse haute résilience, pieds en fonte d'aluminium.

Hyper Play, 1997 ; canapé 190 × 104 × 52 cm ; châssis en panneau nid-d'abeilles, pieds en inox poli, cuir.

Lit, 2001 ; 250 × 200 × 77 cm (sans matelas 160 × 200 cm) ; structure bois, mousse haute résilience, piétement en acier nickelé brillant.

Lobby Sofa, 2002 ; canapé 3 places 245 × 90 × 70 cm ; châssis bois, pieds en aluminium poli, mousse haute résilience, drap de laine et cuir.

Nath's Sofa, 1999 ; canapé 3 places 243 × 76 × 70 cm ; structure bois, pieds en inox brossé, mousse haute résilience, drap de laine.

New Lounge, 2002 ; fauteuil et appui-tête 61 × 71 × 95 cm ; repose-pieds 61 × 50 × 42 cm ; structure bois, mousse haute résilience, pieds en inox brossé, drap de laine, cuir ou cheval.

Palm Beach, 1997 ; canapé 3 places 210 × 78,5 × 78 cm ; structure bois, mousse haute résilience, pieds en fonte d'aluminium.

Pierre Sofa, 1997 ; canapé 226 × 94 × 72,5 cm ; structure bois, mousse haute résilience, pieds en fonte d'aluminium.

Video Lounge, 1998 ; chauffeuse 55 × 98 × 63 cm ; repose-pieds : 55 × 45 × 35cm ; structure bois, mousse haute résilience, pieds en inox brossé, drap de laine ou poulain.

Video Lounge Inox, 2003 ; chauffeuse 55 × 98 × 63 cm ; repose-pieds 55 × 45 × 35 cm ; structure inox, pieds en inox brossé.

Andrée Putman

Les Rainettes, 1999 ; canapé 3 places 210 × 74 × 72 cm ; banquette 210 × 74 × 72 cm ; fauteuil 90 × 74 × 72 cm ; structure bois et métal, mousse haute résilience, couverture drap de laine, banquette déhoussable.

Matali Crasset

Chair, 2001 ; chaise 75 × 44 × 38 cm ; structure métal, mousse haute résilience, couverture tissu coton.

Nextome, 2001 ; chaise porte-revues 75 × 44 × 48 cm ; structure métal, mousse haute résilience, couverture tissu enduit.

Oritapi, 1999 ; tapis 180 × 180 × 3 cm à plat ; aiguilleté.

Permis de construire, 2000 ; canapé démontable et jeu d'enfants ; barre 18 × 18 × 72 cm ; accoudoir 18 × 60 × 63 cm (trou 27 × 24 cm centré), total 72 × 72 × 180 cm ; mousse haute résilience, couverture tissu coton.

Quand Jim monte à Paris, 1997 ; lit colonne avec lampe 130 × 190 cm (ouvert) et 34 × 34 × 190 cm (fermé) ; structure aiguilleté et mousse, mousse bi-densité haute résilience, couverture du matelas extérieur et intérieur coton.

Téo de 2 à 3, 1998 ; tabouret de sieste 45 × 180 cm (ouvert) et 52 × diamètre 40 cm (fermé) ; structure bois, mousse bi-densité haute résilience, couverture tissu enduit, doublé aiguilleté.

François Azambourg

Very Nice, 2004 ; chaise 37 × 48 × 83 cm ; contreplaqué bouleau.

Very Nice, 2004 ; table 140 × 180 × 72 cm ; contreplaqué bouleau.

Alexandre de Betak

Banc, 2003 ; 180 × 80 × 30 cm ; structure bois et méthacrylate, mousse haute résilience, couverture cuir.

Bibliothèque, 2003 ; 124 × 36 × 13,2 cm ; structure méthacrylate.

Milan Vukmirovic

Club'in, 2004 ; fauteuil 90 × 87 × 82 cm ; structure hêtre, mousse haute résilience et suspension ressorts, couverture cuir brodé ou vache.

Odile Decq et Benoît Cornette

Chauffeuse, 2002 et *Confident*, 2002 ; sièges 60 × 64 × 73 cm et 133 × 116 × 73 cm ; structure métallique, mousse haute résilience, couverture cuir, pieds en inox.

Table U/O'(tab)*, 2003 ; table 290 × 72 × 72 cm ; structure fibre de verre et résine, piétement en aluminium.

Vincent Dupont-Rougier

Donald, El, Maarten, 2004 ; table basse 3 modules 165 × 13,5 × 30 cm, 165 × 27 × 30 cm et 68 × 68 × 16,5 cm ; aluminium brossé et laqué.

Élodie Descoubes et Laurent Nicolas

Feutre, 1998 ; fauteuil 88,5 × 81 × 82,5 cm ; canapé 2 places 141 × 81 × 82,5 cm ; canapé 3 places 195 × 81 × 82,5 cm ; pouf 53 × 53 × 42 cm ; méridienne 70 × 83 × 155 cm ; structure bois, mousse haute résilience, couverture drap de laine ou coton, déhoussable.

Laurent Nicolas

Multi, 2004 ; canapé ; accoudoirs 23 × 63 × 61 cm ; assise 65 × 63 × 41 cm ; dossier 25 × 63 × 71 cm ; structure bois et mousse haute résilience.

Ronan Bouroullec

Safe Rest I, 1998 ; lit de repos 230 × 73 × 54 cm ; structure métallique, traitement peinture époxy, garnissage mousse.

Safe Rest II, 2004 ; petit modèle 230 × 73 × 54 cm ; grand modèle 230 × 123 × 54 cm ; structure métallique, traitement peinture époxy, garnissage mousse haute résilience.

Tablette, 2004 ; 39 × 24,5 × 42 cm ; structure métallique, traitement peinture époxy.

Erwan Bouroullec

Un et demi, 1998 ; chauffeuse et demi : 152 × 71 × 71 cm ; structure fibre de verre, mousse haute résilience, pieds en métal peint ou en inox brossé.

Ronan et Erwan Bouroullec

Bureau, 2001 ; série de 1 à 100 signée par les créateurs, 145 × 55 × 76 cm ; structure résine de synthèse, plateau gainage cuir *Connoly*.

Jérôme Olivet
Androne, 2004 ; table 156,5 × 86,5 × 73 cm ; chaise 52 × 43 × 81 cm ; tabouret 43 × 43 × 43 cm ; structure métallique laquée et gainée de cuir.
Hyperespace, 2002 ; tabouret 37 × 56 × 80 cm ; résine et fibre de verre.

Autres réalisations de la société Domeau & Pérès

« Concept avion » *Kelvin 40*, habillage intérieur, design par Marc Newson (2003).
« Concept car » *C air dream* pour Citroën (2002).
Mobilier de l'Unesco, design par Odile Decq & Benoît Cornette (2002).
Mobilier des magasins Dior, design par Hedi Slimane, depuis 2001.

Martin Szekely
Siège *Domo*, 2004 ; grand format 93 × 75 × 80 cm ; petit format 69 × 75 × 80 cm ; pouf 93 × 63 × 40 cm ; structure bois et métal, mousse multi-densité, couverture cuir.

Aménagement intérieur du magasin Rodolphe Ménudier, design par Christophe Pillet (2000).
Aménagement intérieur, Mercedes *Class A* (2000).
Aménagements intérieurs de Jets, Dassault Falcon Services (depuis 1997) et Socata (depuis 1999)
Siège du bureau de Monsieur Jack Lang, Assemblée nationale, design par Sylvain Dubuisson (1998).
Études pour la société Hermès (depuis 1996).

Éléments biographiques

Domeau & Pérès

1994. La rencontre Bruno Domeau-Philippe Pérès scelle l'alliance de deux savoir-faire complémentaires autour d'une même éducation de tradition artisanale, issue du compagnonnage et d'une même passion pour la qualité. Bruno Domeau, né en 1962, est sellier ; Philippe Pérès, né en 1970, est tapissier. Depuis 1996, l'entreprise qui porte leur nom édite en France un mobilier d'exception conçu par de jeunes créateurs ou designers reconnus.
La société (Atelier et Showroom), située au 21, rue Voltaire à La Garenne-Colombes (Hauts-de-Seine), se compose actuellement de huit personnes.

Les Prix
Prix du Nombre d'or (janvier 2003), décerné à la société Domeau & Pérès et à Matali Crasset, pour leur travail de collaboration.
Prix Marie Claire Maison (janvier 1997), pour la collaboration avec Christophe Pillet sur les modèles *Pierre Sofa, Nath's Sofa, Easy Lounge* et pour la scénographie du stand du Salon du meuble de Paris.

Salons et expositions
Salons du meuble de Paris (de 1997 à 2004)
Exposition *Domeau & Pérès, la haute couture du design* au Centre culturel français de Milan (2004)
Salon *Satellite* de Milan (1999)
Salon du *Design Show* de Chicago (1997)

Les Créateurs

Christophe Pillet (né en 1959, à Montargis) crée son agence en 1994, après être passé par le studio de Philippe Starck durant cinq ans. Il est alors consacré *« Meilleur designer »* de l'année. À côté de la création d'un mobilier d'avant-garde, Christophe Pillet développe des projets extrêmement diversifiés : aménagements de boutiques (notamment Rodolphe Ménudier, Jitrois…), ligne d'accessoires pour Lacoste ou robots ménagers pour Whirlpool.

Andrée Putman. Le nom de cette grande dame de l'architecture d'intérieur évoque près d'un demi-siècle de création en France, à commencer par l'aménagement du Concorde, jusqu'aux boutiques de stylistes comme celles de Thierry Mugler, Yves Saint Laurent ou Karl Lagerfeld. En 2004, Andrée Putman demeure active dans le champ de la création et ajoute à son travail sur les espaces intérieurs (hôtels internationaux) la réalisation de nouveaux produits.

Matali Crasset (née en 1965, à Châlons-en-Champagne). Dans ses créations, Matali Crasset fait primer la fonction et le sens sur la forme. Elle crée des objets qui, à la frontière formelle de plusieurs aspirations, interrogent le cadre de vie. Ainsi, en travaillant à l'élaboration du Hi Hôtel de Nice, en 2002, Matali Crasset a imaginé une nouvelle façon d'envisager le tourisme, inventant un art de vivre avec de nouveaux usages, concevant une cuisine en self-service, personnalisant le rite du bain selon chaque chambre… L'une de ses créations, le « lit-colonne d'hospitalité » *QJMAP*, est entrée dans les collections publiques de l'État français.

François Azambourg (né en 1963, à Angoulême). La dimension industrielle des projets semble guider la pratique de François

Azambourg, comme ce projet de chaise en tissu qui prendra sa forme définitive au moyen d'une résine injectée, à solidification rapide. En 2004, François Azambourg a développé un concept de micro-restaurant stationné dans la ville de Lille, une sorte de structure nomade qui remet en question les principes de la restauration et incite à la convivialité.

Alexandre de Betak fonde, dans les années 90, une société de production, de direction artistique et de design d'événements, qui organise à travers le monde des défilés de créateurs (dont Christian Dior, Viktor & Rolf, Hussein Chalayan, Michael Kors ou Victoria Secret), mais aussi des événements (dîners de Jil Sander, de Jennifer Lopez, 50 ans de *Playboy*). Loin de se limiter à la stricte gestion de la logistique, Alexandre de Betak cherche à provoquer un véritable échange artistique avec ses clients, la finalité étant de faire jaillir de ces moments éphémères, une image forte : celle qui demeurera dans la mémoire collective une fois l'événement terminé. Par ailleurs, Domeau & Pérès a édité en 2003 sa première collection de meubles.

Milan Vukmirovic (né en 1970). D'origine yougoslave, il fut l'un des fondateurs de la boutique Colette à Paris. Directeur artistique et acheteur, de 1996 à 1999, pour ce « concept-store » parisien, il entre en 2000, sur proposition de Tom Ford, dans le groupe Gucci en tant que « design directeur ». Milan Vukmirovic devient le directeur créatif de la maison Jil Sander. Depuis mai 2003, il travaille en indépendant sur différents projets, entre autres, une collection de bijoux pour la maison Dinh Van et des meubles pour la société Domeau & Pérès.

Odile Decq et Benoît Cornette. Leur agence développe depuis une vingtaine d'années des projets d'architecture et d'urbanisme faisant valoir les notions de mouvement dans la conception d'un espace; elle a reçu un *Lion d'or* à la Biennale de Venise en 1996. Odile Decq et Benoît Cornette conçoivent leurs architectures de manière évolutive – une découverte permanente, jamais close – autour d'une succession de points de vue comme autant de bases de stabilité du regard et des volumes. La variation des perspectives engendre alors une tension permanente dans le projet et crée l'ambiguïté de la perception de l'espace. Cette notion « d'hypertension » anime les thèmes récurrents qui nourrissent l'architecture d'Odile Decq. À travers cette quête, l'agence cherche à renforcer l'impact dynamique du parcours, l'impact attractif des points d'articulation, l'impact visuel de perception de l'espace.

Vincent Dupont-Rougier (né en 1966, le créateur vit et travaille à Colombes). Formé initialement en histoire de l'art, il travaille depuis quelques années sur la relation entre design et environnement, avec un intérêt particulier pour les matières végétales et le jardin qu'il considère comme une entité à part entière. On lui doit notamment la réalisation, en 1999, d'un « jardin hors sol transportable », ou encore, en 2001, le projet de « jardin-théâtre » pour le parc de la Villa Médicis à Rome dont il a été pensionnaire. Vincent Dupont-Rougier s'intéresse également à la production de mobilier et de pièces uniques, notamment pour le VIA, la Manufacture nationale de Sèvres ou Baccarat.

Élodie Descoubes et Laurent Nicolas (nés respectivement en 1972 et 1968) ont travaillé ensemble durant quatre années, réalisant avec Domeau & Pérès la collection d'assises *Feutre*. Leur recherche commune a porté sur l'expérimentation de matériaux bruts comme le feutre, le carton ou la mousse ainsi que sur la notion du « modulaire » dans le mobilier contemporain. Aujourd'hui, Élodie Descoubes s'est tournée vers des questions liées au traitement de l'espace, créant des scénographies pour des événements temporaires ou développant des projets d'ordre environnemental. De son côté, Laurent Nicolas poursuit dans la création de mobilier et vient notamment d'éditer chez Domeau & Pérès le canapé modulable *Multi*.

Ronan et Erwan Bouroullec (nés respectivement en 1971 et 1976, à Quimper). Les frères Bouroullec sont devenus en quelques années des designers de renommée internationale. Ils ont su mener à terme des projets d'envergure comme la boutique A-Poc à Paris, ou encore la création de différentes pièces de mobilier (chaises, sofas, bureaux, etc.) pour des marques internationales comme Capellini ou Vitra. Ils ont été les premiers Français à obtenir une exposition personnelle au Design Museum de Londres, en 2002.

Jérôme Olivet (né en 1971, à Longjumeau). À ses débuts, en 1993, le jeune designer présente des objets dont l'apparence évoque l'être humain. Assises, luminaires, objets électroniques, sa production est alors au cœur des questions liées à la représentation, et de fait, au biomorphisme. Son objectif est de susciter l'émotion de l'utilisateur, de jouer avec lui sur le territoire de la séduction et pour ce faire, d'utiliser un vocabulaire formel évident : figure humaine, formes courbes mais également appel à la mémoire. Depuis peu, Jérôme Olivet a réorienté ses recherches vers des formes plus épurées qui ont donné naissance au tabouret *Hyperespace* et récemment, à une ligne de maroquinerie ainsi qu'à un mobilier de bureau.

Martin Szekely (né en 1956, à Paris) a travaillé pour des entreprises prestigieuses comme Perrier, Heineken, MK2, Christofle, Hermès, Bernardaud, EDF… Ses créations font partie des collections permanentes du Centre Georges Pompidou, du Musée des arts décoratifs et du Fonds national d'art contemporain à Paris. À l'étranger, ses œuvres appartiennent aux collections du Musée Cooper Hewitt de New York, du Musée de San Francisco, du Musée d'Israël à Jérusalem ou encore du Musée Kunstgewerbe de Berlin.

Crédits photographiques

Ronan Bouroullec : p. 78 ; Matali Crasset : p. 33, 37, 39 ; Olivier Cadouin : p. 20 ; Vincent Dupont-Rougier : p. 65 ; Georges Fessy : p. 46, 57, 58, 59 ; Patrick Gries : 1ère et 4e de couverture, p 13, 21, 22, 23, 24, 26, 27, 28, 29, 30, 31, 35, 36, 37, 38, 41, 42, 43, 44, 45, 47, 48, 49, 50, 51, 53, 55, 61, 62, 63, 64, 66, 72, 75, 76, 77, 78, 79, 81, 85, 86, 87 ; Morgane Le Gall : p. 34, 68, 69, 70 ; J. Lorin : p. 11 ; Laurent Nicolas : p. 71, 73 ; Jérôme Olivet : p. 67, 82, 83 ; Christophe Pillet : p. 12, 25 ; Studio Harcourt Paris : p. 4 ; Hervé Ternisien : p. 14, 15, 16, 17, 18, 19; Andréa Vera : p. 55 ; Milan Vukmirovic : p. 54 ; photos DR : p. 7, 9, 11.

Remerciements

Nos chaleureux remerciements s'adressent tout spécialement à Bruno Domeau et Philippe Pérès, héros du livre, ainsi qu'à l'ensemble des créateurs ayant apporté leur précieux témoignage et contribué ainsi à la réalisation de cet ouvrage : François Azambourg, Alexandre de Betak, Ronan et Erwan Bouroullec, Matali Crasset, Odile Decq, Vincent Dupont-Rougier, Laurent Nicolas, Jérôme Olivet, Christophe Pillet, Andrée Putman, Martin Szekely et Milan Vukmirovic. Nous leur exprimons notre gratitude pour leur grande disponibilité lors de nos entretiens.

Nous tenons également à remercier pour leur concours, Anne Brandebourg, Yên Williams, Sébastien de Royere, Patrick Gries, Marc Pleinecassagne, Olivier Reneau, les collaborateurs de la société Domeau & Pérès ainsi que toutes les personnes qui ont suivi, de près ou de loin, l'élaboration du présent ouvrage.

Tirage

Cet ouvrage, tiré à 2 000 exemplaires, constitue la première édition française.
Composition, photogravure et impression :
Imprimerie de Guingamp.
Imprimé en France en octobre 2004

500 exemplaires numérotés de 1 à 500 constituent le tirage de tête de la présente édition. Ces ouvrages numérotés sont accompagnés d'un portfolio de treize planches originales des créateurs, rehaussées au pochoir à la main à l'atelier du Lys et rassemblées dans un coffret. Des exemplaires du tirage de tête ont été réservés aux collaborateurs de l'ouvrage.